crucial conversations

クルーシャル・カンバセーション

TOOLS FOR TALKING WHEN STAKES ARE HIGH

重要な対話のための説得術

Kerry Patterson ケリー・パターソン ● Joseph Grenny ジョセフ・グレニー ● Ron McMillan ロン・マクミラン ● Al Switzler アル・スウィッツラー

山田 美明 訳

クルーシャル・カンバセーションとは

（1）重要な結果、（2）反対意見、（3）強い感情を伴う、2人以上で行われる話し合い。※p23より

CRUCIAL CONVERSATIONS
Tools for talking when stakes are high

Japanese translation rights arranged with
Mcgraw-Hill Global Education Holdings, LLC.
through Japan UNI Agency, Inc., Tokyo

本書をルイーズ、セリア、ボニー、リンダに捧げる。

彼女たちは限りない我慢強さと豊かな愛情を発揮し、あふれんばかりの支援を提供してくれた。


また、私たちの子供である、クリスティン、レベッカ、テイラー、スコット、アシュリン、カラ、セス、サミュエル、ハイラム、アンバー、ミーガン、チェイス、ヘイリー、ブリン、アンバー、ローラ、ベッカ、レイチェル、ベンジャミン、メリディス、リンジー、ケリー、トッドに捧げる。

子供たちから教えてもらったことは数知れない。

第二版への序文

この序文を執筆している時点で、本書の発行部数は二〇〇〇万部に達しようとしている。この事実を私ほど喜んでいる人はいないだろう。一〇年前に著者から送られてきた本書の原稿から、多くのことを教えてもらった。私も以前から、自著『7つの習慣』(キングベアー出版、一九九六年)に記した成功のための「第五の習慣」に従い、「まず相手を理解しようと努めよ」と教えてきた。しかし本書は、重要な結果を伴うコミュニケーションの基本原則についてさらに幅広く、かつ深く追求し、ありとあらゆるクルーシャル・カンバセーションに応用できる重要なポイントを紹介している。だがそれより重要なのは、私たちの生活、私たちの人間関係、私たちの世界を形作るその決定的瞬間に注目するよう呼びかけている点だ。だからこそ本書は、現代のリーダーシップに貢献する重要な作品と呼ぶにふさわしい。

さらに私は、本書が世界に多大な影響を与えたこともうれしく思っている。この四人の著者についてはずいぶん前から知っているからだ。彼らは、人間として優れているだけでなく、教師や指導者としても群を抜いている。二〇年以上にわたりチームを組み、高い相乗効果を発揮してきた。それは、彼ら自身にクルーシャル・カンバセーションの能力があることを如実に示している。また、世界的な企業バイタルスマーツを設立して、リーダーシップや人間関係の構築や自己変革を主導し、世界中の数百万人の人生に影響を及ぼしてきた。同社の文化は、本書の内容をそのまま反映しており、ここに書かれた原則が実際に役立つことを証明している。

このすばらしいチームの作品が、これからも長きにわたり世界に影響を与え続けることを切に願ってやまない。

スティーブン・R・コヴィー

二〇一一年七月

初版への序文

これは画期的な本だ。最初に本書の原稿を読んだときにそう思った。そのメッセージが持つ力や重要性、時宜を得た内容に心を揺さぶられた。

本書は、偉大な歴史学者アーノルド・トインビーが語った賢明な言葉にみごとに対応している。トインビーは、社会の歴史だけでなく組織や個人の歴史も含め、歴史はすべて「成功は失敗を呼ぶ」という言葉に要約できると述べた。つまり、こういうことだ。ある挑戦をする場合、その内容に匹敵する対応をすれば成功できる。だが、次いでより高いレベルの挑戦をすると、かつて成功を手にしたときの対応では役に立たず、失敗する。成功ほど失敗につながるものはない。

私たちの生活、家族、組織の在り方は挑戦を通じて変わった。世界もまた恐るべきスピードで変化し、驚異的かつ危険なテクノロジーに深く依存するようになりつつある。その結果、私たちが経験するストレスやプレッシャーも飛躍的に高まった。こうした緊張に満ちた雰囲気の中では、人間関係を育むこと、そして、問題に対するより優れた解決策を見つけるツールやスキルを開発し、その能力を向上させていくことが、いっそう重要になる。

この「より優れた解決策」とは、「私」のため、「あなた」のためのものではなく、その両者を含む「私たち」のためのものである。つまり解決策は、相乗的なもの、全体が部分の総和を上まわるものでなければならない。こうした相乗効果は、判断力の向上、人間関係の向上、意思決定プロセスの向上、あるいは、決断したことを実践する意欲の向上となって表れる。それらが複数組み合わさって表れる場合もある。

本書が伝えているのは、「クルーシャル・カンバセーション」により人間やその関係が変わるということだ。それは、その場をうまく収めるというだけではない。まったく新たなレベルの結びつきを生み出す。あるいは、仏教で言うところの「中庸」を生み出す。二つの反対意見を結ぶ直線上に妥協点を見つけるのではなく、その直線を底辺とする三角形の頂点のように、より高いレベルでの交点を見出すのである。二人以上の人間が真の会話を通じて新たなものを生み出せば、そこに結びつきが生まれる。子供が生まれれば夫婦や家族に絆が生まれるのと同じだ。真に創造的な人と何かを生み出せば、その結びつきはきわめて強固なものとなる。実際その結びつきは、当人がいない場所で悪口を言わなければならない社会的圧力にさらされても裏切らないほど強い。

本書はこうしたテーマを、申し分のない順序で展開している。会話の優れた力を理解するところから始め、自分が心から望んでいることを明確にし、実際に起こりつつあることに神経を集中すること、安心して会話ができる状態を生み出すこと、自己認識を利用することへと論を進めていく。そして最後に、当事者たちが心から結論を受け入れ、意欲的かつ効果的にそれを実践できるような相互理解や相乗効果を実現する方法を解説する。要するに本書の説明は、正しい考え方や心のあり方から、正しいスキルの開発・利用方法へと展開していく。

　私もこれまで、書籍や講演で同じようなアイデアを披露してきた。それにもかかわらず、本書の内容には深い影響や刺激を受け、教えてもらうことも多かった。新しいアイデアを学ぶことで、古いアイデアを深め、新たに応用できる機会を見つけ、自分の理解を深めることができた。また、クルーシャル・カンバセーションの場面で本書の新たなテクニック、スキル、ツールが一体となれば、これまでの平凡な結果や過ちから脱け出せることも学んだ。この過去から脱け出すことが、人生における「現状の打破」につながる。

　本書を最初に手に取って読んだとき、研究仲間でもある親しい友人たちが著者となり、自分の人生や職場での経験をもとに、きわめて重要な話題について解説してくれたことをうれしく思った。しかも、ユーモアやイラストを交え、常識的かつ実用的なアプローチで、わかりやすい説明がなされている。知能指数（ＩＱ）と心の知能指数（ＥＱ）を効果的に組み合わせて利用し、クルーシャル・カンバセーションを成功に導くための説明である。

私は著者の一人から、大学時代にある教授と行ったクルーシャル・カンバセーションについて話を聞いたことがある。その教授は彼に、才能はあるのに授業をまじめに受けていないと注意した。すると彼は、真剣にその話を聞き、教授が懸念している内容を再確認した。そして、教授が自分の才能を認めていることに感謝しつつ、ほほえみながら静かにこう述べた。「ほかに優先したいことがあるのです。先生の授業は今のところ私にはさほど重要ではありません。ご理解いただけるとありがたいのですが」。教授は面食らったが、彼の話に耳を傾けた。こうして会話が始まり、新たな理解が生まれ、結びつきはいっそう深まったという。

私は本書の著者をよく知っている。それぞれが傑出した人物であるばかりか、優れた教師でありコンサルタントでもある。彼らが研修セミナーで魔法のような成果を挙げているのを見たこともある。だが、これほど複雑な話題を取り上げ、それを一冊の本にまとめあげるほどの力があるとは知らなかった。彼らはそれをやってのけた。読者の方々にはぜひ、本書を丹念に読み、章ごとの内容や各章の関係について、ときにはページを繰る手を止めてじっくりと考えてほしい。そして、学んだことを実践し、また本書に立ち返り、さらに多くを学んで、それをまた実践してほしい。知識は「実践」しなければ本当の「知識」とは言えない。

読者もいずれ気づくだろうが、本書で詳しく解説されたクルーシャル・カンバセーションには、以下に掲載した詩の内容に通じるものがある。ロバート・フロストの美しく印象的な詩『ザ・ロード・ナット・テークン The road not taken（選ばれざる道）』の一部である。

夕焼けに染まる森の中で道が二またに分かれていた。
残念ながら私一人で、両方の道をたどることはできない。
私はしばらくたたずみ、道の先をできるかぎり目で追った。
道は曲がり、草むらの中に消えている。
……………………
これからの長い年月のいつか
ため息をつきながらこう言うことだろう。
森の中で道が二またに分かれていた。私は——
人があまり通っていない道を選んだ。
それが人生を一変させることになったのだ、と。

——スティーブン・R・コヴィー

まえがき

二〇〇二年に本書を出版した際、筆者はこんな大胆な主張をした。ほとんどとは言わないまでも多くの場合、人間社会の問題は、重要な結果や強い感情を伴う問題について相手と意見が食い違ったときに、私たちが取る態度に根本的な原因がある。だから、重要な結果を伴う「決定的《クルーシャル》」な瞬間を自在にコントロールできる人から、その人が常日ごろ実践しているスキルを学べば、組織の能力を劇的に向上させることができる、と。

この原則が正しいという確信は、過去一〇年の間にむしろ高まった。相次いで発表された研究成果によると、リーダーが「クルーシャル・カンバセーション」を重視する文化を育てあげれば、原子力発電所はより安全になり、金融サービス会社は顧客の信頼をいっそう高められる。病院はより多くの命を救い、政府機関は劇的にサービスを向上させ、テクノロジー企業は国境を越えて活躍できるようになる。

だが正直に言えば、過去一〇年間に筆者がもっともうれしく思ったのは、こうした数多くの研究成果ではなく、勇気をもって本書の内容を実践した読者の無数の体験談だ。彼らは、もっとも大切な場面で状況を変えることができた。ある女性は、本書を読んだことで、疎遠になっていた父親と再会できた。ある看護師は、誤診を認めようとしない医師とのクルーシャル・カンバセーションに取り組むことで、患者の命を救った。ある男性は、父親が遺した遺言のせいで家族が引き裂かれそうになったときに、兄弟姉妹間の争いを巧みに治めた。ある勇敢な読者は、「クルーシャル・カンバセーション」の研修を受けていたおかげで、ブラジルで車を乗っ取られた際に自分の命を守ることができた。

こうした体験が、二〇〇万人近い読者それぞれにあるに違いない。そう考えれば、こうした読者とのやり取りから本書の意義を実感し、それに喜びを感じた筆者の気持ちもわかってもらえるだろう。

何を改訂したのか?

この第二版では、本書の内容をいっそう強化するため、重要な変更をいくつも行った。事例を更新した部分もあれば、重要なポイントをより明確にするため、言わんとするところを強調するために変更を加えた部分もある。だが、それ以上に力を入れた変更点として、以下を追加した。新たに発表された重要な研究成果の概要、本書の基本原則のよい実例となる読者の体験談、印象的でわかりやすくおもしろい動画へのリンク、筆者一人ひとりの新たな個人的知見を添えたあとがきである。

これらの変更は、本書の読書体験を向上させるだけではない。ここに書かれた言葉を職場や私生活の場で習慣的に実践し、豊かな成果を生み出す力を高めてくれるはずだ。

この改版で何を望むのか？

これほど多くの人々が本書に好ましい反応を示してくれたことをうれしく思う。正直に言えば、筆者は一〇年前から、ここに披露したアイデアは世界を変えるものだと思っていた。決定的瞬間の扱い方を変えれば、組織、個人、家庭、国家の未来を改善できるという強い自信があった。ただ、世界中の人々が筆者の思いどおりに反応してくれるかどうかがわからなかった。

今のところは順調に進んでいる。クルーシャル・カンバセーションには状況を一変させる力があることを、これほど多くの人が信じてくれていることに大変満足している。これまで筆者は、政府機関の代表や実業界の重要人物、影響力のある社会起業家に本書の内容を伝えることを優先してきた。だが現在では、本書のアラビア語訳もヘブライ語訳も出版されている。その事実から、より大きな可能性が見えてきた。本書は、バンコクやボストンなど影響力のある成長著しい地域だけでなく、カブールやカイロなど混迷や騒乱に満ちた地域にも流通している。新たな読者、新たなサクセスストーリーが増えるごとに、本書で世界を改善していこうとする意欲は強くなる。

こうして生まれたのがこの第二版だ。

人生を一変させる本書のアイデアで、読者の人生経験が格段に向上していくことを心から願っている。

ケリー・パターソン
ジョセフ・グレニー
ロン・マクミラン
アル・スウィッツラー

二〇一一年五月

CrucialConversations.com/exclusiveに無料アクセスを

本書の読者を念頭に制作されたサイトCrucialConversations.com/exclusiveには、便利なツールや興味深い動画が満載だ。本書でもあちこちでこのサイトの動画を紹介している。まずは、www.CrucialConversations.com/exclusiveにログインを。

目次

1 クルーシャル・カンバセーションとは何か？

――誰にかかわるものなのか？

コミュニケーションにおける唯一にして最大の問題は、コミュニケーションが行われたという幻想が生まれることだ。

――ジョージ・バーナード・ショー

「クルーシャル・カンバセーション」と聞くと、大統領や国王、首相などが大きな円卓を囲み、将来について討議している風景を思い浮かべるかもしれない。こうした議論は確かに幅広い影響を及ぼすだろうが、本書で取り上げるのはそのような話し合いではない。ここで言うクルーシャル・カンバセーションは、誰にでも起こる。それは、自分の人生に影響を及ぼすような日々の話し合いである。

では、ありきたりな話し合いに対し、どんな話し合いがクルーシャル・カンバセーションにあたるのだろうか？　これには三つの場合が考えられる。第一に、意見が異なる場合である（反対意見）。たとえば、自分の昇進の可能性について上司と話をしているとき、自分は昇進してもいいと思っていても、上司はそう思っていない。第二に、重要な結果を伴う場合だ。四人の同僚と会議を開き、新たなマーケティング戦略を採用しようとしている。何か新しいことをしなければ、会社の年間目標を達成できない。そんな状況での会話がこれにあたる。第三に、ひどく感情的になる場合だ（強い感情）。夫や妻を相手に何気ない話をしている最中に、相手が「不愉快な出来事」を持ち出す。前日に近所で開かれたパーティの席で、自分がある異性の気を引き、「いちゃいちゃしていた」という。しかし自分にはそんな覚えはない。礼儀正しく友人のように接していただけだ。だが相手はむっとして部屋を出ていってしまう。

パーティではこんな場合も考えられる。変わり者でやや気難しい隣人と、腎臓が萎縮する病気について他愛のない話をしていると、隣人が突然こんな話を切り出す。「そう言えばおたく、うちとの境界に柵を作っているでしょう」。それを皮切りに、柵を立てる場所を一〇センチメートル手前にすべきかどうかで激しい議論が始まる。たかが一〇センチで

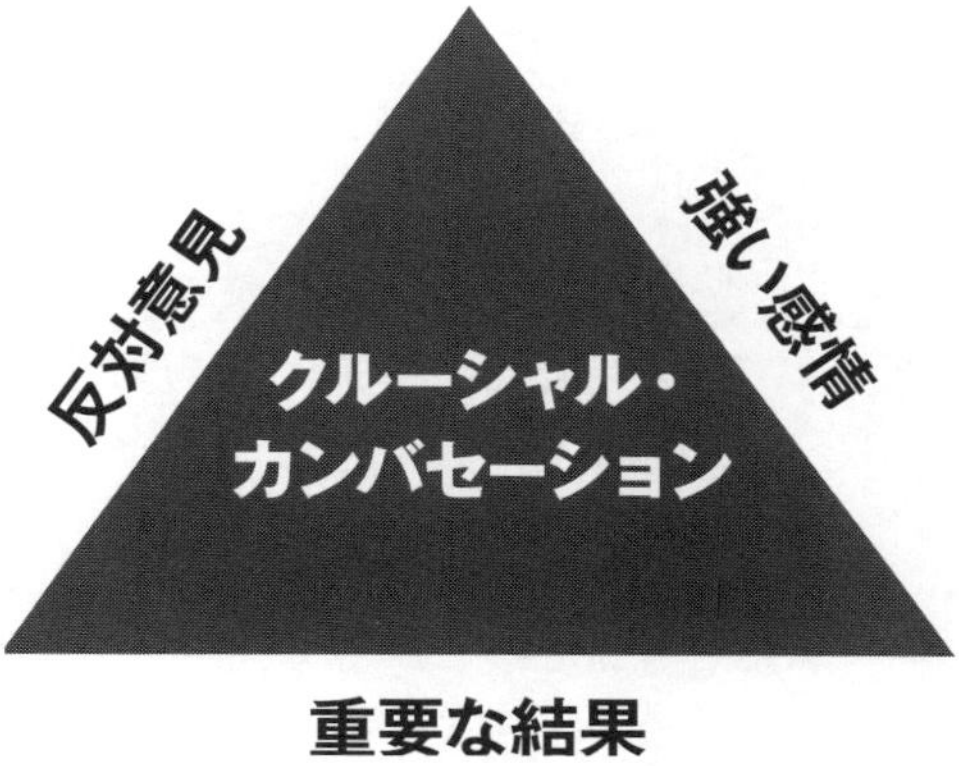

ある。隣人はやがて、裁判所に訴えると脅してくる。するとこちらは、あなたは話のわからない人だと悪態をつく。これも非常に強い感情の一例である。

こうしたクルーシャル・カンバセーションは、単に扱いが難しい、不愉快で苛立たしい、うっとうしいというだけではない。その結果が、今後の生活の質に多大な影響を及ぼす。実際、上記のいずれの場合も、日常生活の一部がよくも悪くも永久に変わってしまうおそれがある。昇進できるかどうかは、その後の人生に大きな差を生み出す。会社の売り上げは、自分にも一緒に働く同僚にも大きく関係する。夫や妻との関係は、生活のあらゆる側面に影響を及ぼす。土地の境界線をめぐるささいな言い争いでも、隣人との関係を損ないかねない。

クルーシャル・カンバセーションが重要である

にもかかわらず、私たちは事態を悪化させることを恐れ、こうした話し合いを避ける傾向がある。いやむしろ、扱いの難しい話題を避ける達人になっている。職場では、出向いて直接話をすべきときにメールですませてしまう。上司は、直属の部下と顔を合わせることもなく、ボイスメールを残すだけだ。家族の間でも、厄介な問題に話が及ぶと、話題を変えてしまう。筆者のある友人は、ボイスメールを通じて妻から離婚を切り出されたという。私たちはあらゆる策を講じて難しい問題を避けている。

Jurassic Sales Call（時代遅れの営業電話）

著者の一人ジョセフ・グレニーが、バイタルスマーツの動画コーナー「VitalSmarts Video Vault」を紹介する。最初に紹介するこの動画では、リックが新人販売員のマイケルを訓練していると、そのマイケルが顧客の前で大失態を演じてしまう。このクルーシャル・カンバセーションにどう対処すればいいのか？

動画を視聴するには、www.CrucialConversations.com/exclusive へ。

だが、避ける必要はない。クルーシャル・カンバセーションの扱い方がわかれば、ほぼどんな話題についても巧みに話ができるようになる。

クルーシャル・カンバセーション（名詞）
（一）重要な結果、（二）反対意見、（三）強い感情を伴う、二人以上で行われる話し合い。

私たちは一般的にクルーシャル・カンバセーションをどう扱っているか？

クルーシャル・カンバセーションに取り組んだ（あるいは、それに取り組もうとした）としても、必ずトラブルになったり不首尾に終わったりするわけではない。クルーシャル・カンバセーションに直面した場合、以下の三つの選択肢が考えられる。

・クルーシャル・カンバセーションを避ける。
・クルーシャル・カンバセーションに取り組むが、適切に対処しない。
・クルーシャル・カンバセーションに取り組み、適切に対処する。

一見すると簡単な選択に見える。クルーシャル・カンバセーションを避けてその結果に苦しむか、適切に対処しないでその結果に苦しむか、適切に対処するか、だ。

読者はこう考えるに違いない。「よくわからないが、この三つから選択するとすれば、『適切に対処する』を選ぶ」

人間はいちばん大切なときに最悪の行動を取る

しかし、適切に対処できるのだろうか？　難しい話題に入ったとき、立ち止まって深呼吸し、「ああ、この話し合いは重要だ。細心の注意を払ったほうがいい」と自分に言い聞かせ、最善の行動を取れるだろうか？　厄介な話になりそうなとき、逃げだすことなく、話し合いに挑めるだろうか？　それが可能な場合もある。ときには、思いきって難しい話題に挑み、自分の行動に気を配って最善の自分を見せ、行儀や作法に気をつけて立派にふるまうこともできる。

だが、それができない場合のほうが多い。そんなとき、どういうわけか私たちは、最悪の状態に陥り、怒鳴ったり、逃げたり、後悔するようなことを言ったりする。つまり、重要な問題が話題になり、さりげない話がクルーシャル・カンバセーションになると、私たちは一般に最悪の行動を取ってしまう。

それはなぜか？

人間の設計が悪い　日常的な話がクルーシャル・カンバセーションになるとトラブルになるのは、感情が邪魔をして、きちんと話をさせてくれないからだ。人間は、クルーシャル・カンバセーションには理路整然とした説得や優しい気配りではなく、一瞬の暴力や素早い逃げ足で対処するようにできている。数世代もの経験を経るうちに、そんな遺伝子が形成されてしまったのだ。

たとえば、典型的なクルーシャル・カンバセーションについて考えてみよう。あなたにとってきわめて重要な話題について、誰かから反対意見を言われたとする。すると、あなたの首筋の毛が逆立つ。体毛だけなら問題はない。だがあいにく、体の反応はそれだけではすまない。二つの腎臓のすぐ上にある小さな副腎が、血液中にアドレナリンを分泌する。これは、自分の意思では選べない。副腎の活動をそのまま受け入れるしかない。

体の反応はさらに続く。脳の判断により、不必要と見なされた作業に使われていた血液が、暴力や逃亡といった優先度の高い作業に回される。こうして、腕や脚の筋肉へ向かう血液が増え、高レベルの論理的思考を行う脳の部位へ向かう血液が減る。その結果、アカゲザル並みの知的能力で難しい話し合いに直面することになる。そのときの体はもはや、上司や隣人、夫や妻ではなく、襲いかかるサーベルタイガーに立ち向かう態勢に入っている。

追い詰められた状況に置かれる　原因はほかにもある。クルーシャル・カンバセーションは、いつの間にか起こる場合が多い。たいていは、思いがけないときに始まる。そのため何の準備もないまま、きわめて複雑な話し合いをその場ですぐに行わなければならない。

参考にする本も、指導してくれるコーチもいない。セラピストに支援を請い、気の利いたアイデアを授けてもらう時間もない。

そんなときに何に頼ればいいのか？　アドレナリンに酔い、論理的思考がほとんどできなくなった脳で、当の問題を持ち出してきた相手に対処するほかない。そんな状態では、あとで考えればばかなことを、何もおかしな点はないと思い込んで実行してしまうのも当然である。

だから後悔するにしても、「私はいったい何を考えていたんだ？」ではなく、「私は脳のどの部分で考えていたんだ？」と自問自答すべきだろう。

実際にはこういうとき、私たちは脳でほかの作業をしながらリアルタイム多重タスク処理をしている。脳卒中を起こさないのが不思議なくらいである。

どうすればいいかわからない　さらにもう一つ、事態を複雑化させる要因を挙げよう。私たちには、そもそもどこから始めればいいかもわからない。そのため、行き当たりばったりで事態を解決しようとする。効果的なコミュニケーション・スキルの生きた手本を目にする機会などそうはないからだ。仮に、難しい話し合いをするための計画を十分に練ったとしよう。心の中で何度もリハーサルし、準備を整え、冷静沈着な態度で話し合いに臨んだとする。それなら成功するだろうか？　いや、必ずしも成功するとは限らない。まだ大失敗する可能性はある。ただ練習するだけでは成功できない。成功するためには、完ぺきな練習が必要だ。

つまり、まずは何を練習すべきかを学ばなければならない。それを知らない人が多い。問題が適切に処理される場面を見たことがないという人さえいる。大勢の友人や同僚、両親などの言動を手本に、何をすべきでないかはわかるかもしれない。同じ行動をしないよう何度も自分に言い聞かせてきたという人はいるだろう。

だが、健全な手本がなければ、どうすればいいかはわからない。実際、私たちはどうしているだろう？　大半の人が即興で処理している。言葉をつなぎ合わせ、何らかの雰囲気を作り出し、そのほか何が役に立つかを考える。それを、血液が行き届いていない脳で多重処理をしながら行うのである。これでは、いちばん大切なときに最悪の行動を取ってしまうのも無理はない。

私たちはよく自滅的な行動を取る　脳がぼんやりし、知的レベルが低下している状態では、クルーシャル・カンバセーションのために自ら選んだ戦略が、望みの方向に進むことはまずない。自分こそが最大の敵なのである。だが私たちは、それに気づいていない。以下でその仕組みを説明しよう。

たとえば、夫や妻や恋人があなたに注意を向けなくなってきたとしよう。相手が仕事で忙しいことはわかっているが、それでももっと多くの時間を一緒に過ごしたい。あなたはそれを少しほのめかすが、相手は大した反応を見せない。あなたは、これ以上は何も言うまいと口をつぐむ。しかし当然、このままではさほど満足もできないため、ときどき不満が嫌みな言葉となって表れてしまう。

「またこんな時間に帰宅？　あなたよりフェイスブックの友だちと接してる時間の方が長いくらい」

残念ながら（こうして自滅が始まる）、こんな辛辣な会話をすればするほど、相手はあなたのそばにいたがらなくなる。一緒に過ごす時間はさらに減り、あなたはさらに苦しむという悪循環に陥る。あなたの行動そのものが、自分の望んでいなかった状態を生み出し、自滅的な負の連鎖から脱け出せなくなっていく。

あるいは、こんな場合も考えられる。テリーはあなたのルームメイトだ。テリーは、あなたやほかのルームメイトの服を断りもなく着ては、それを見せびらかす。ある日、テリーは自分の部屋から出てくると、今日はルームメイト一人ひとりのクローゼットから拝借したものしか着ていないと臆面もなく言った。確かに、テイラーのズボンにスコットのシャツを身につけ、クリスが最近買ったそろいの靴と靴下を履いている。あなたは、自分の服をテリーがどこに身につけているのかを想像して嫌悪感を覚える。

あなたは当然の反応として、陰でテリーの悪口を言う。だがある日、あなたが友人に悪口を言っているところをテリーに聞かれてしまう。決まりが悪くなったあなたは、テリーを避け、アパートを空けるようになる。するとテリーは、あなたが留守の間、腹いせにあなたの服を着たり、あなたの食べ物を食べたり、あなたのパソコンを使ったりするようになる。

もう一つ事例を紹介しよう。あなたはこの上なくずぼらな人と仕事場を共有している。一方のあなたは潔癖症だ。この同僚は、あなたにメモを残すにも、書類棚に油性鉛筆で書いたり、フライドポテトの袋にケチャップで書いたり、デスクマットに油性ペンで書いたりする。あなたは対照的に、きちんと付箋にメモを残す。しかも、文字は印刷である。

最初は互いに我慢をしている。だがやがて、双方が相手の行動に苛立つようになる。あなたが同僚に、きれいにしろと文句を言う。すると同僚は、その文句について文句を言う。こうして互いに反抗的になる。あなたが小言を言うたびに同僚は腹を立て、言われたとおりきれいにしようとはしない。また、同僚があなたを「潔癖症のばあや」呼ばわりするたびに、あなたは同僚の不潔さや汚さには屈しないと心に誓う。

このいさかいの結果どうなるだろう？　あなたはかつてないほど潔癖になり、同僚の側の仕事スペースは、保健所に注意されそうなほど汚なくなる。あなたはもう自滅の悪循環から脱け出せない。双方とも、相手から責められれば責められるほど、ますます相手の嫌がる行動を取るようになる。

クルーシャル・カンバセーションの一般例

不健全な負の連鎖の例を紹介したが、そのいずれも（場合によってはそれなりに）重要な結果、反対意見、強い感情を伴う。事例の中には、最初はさほど重要な結果を伴うものではなかったが、時間がたち、感情が激してくるにつれて人間関係がこじれ、生活の質が損なわれたものもある。それだけリスクが高まったのである。

言うまでもなくこれらの事例は、クルーシャル・カンバセーションを避けたり、適切に対処しなかったりした結果生まれる不愉快な問題のごく一部に過ぎない。最悪の事態に陥りやすい話題としては、ほかにも以下のような場合が考えられる。

・関係を終わらせる。
・横柄な態度を取ったり、挑発的な物言いをしたりする同僚と話をする。
・友人に借金の返済を催促する。
・上司の言動について本人に意見を述べる。
・自分で定めた安全基準や品質基準を守らない上司と交渉する。
・同僚の仕事を批評する。
・ルームメイトに引っ越しを促す。

・離婚した夫や妻と、子供の養育権や子供に会う権利について話し合う。
・反抗的な一〇代の若者と話をする。
・自分の責任を果たそうとしないチームのメンバーと話をする。
・男女の関係にかかわる問題を話し合う。
・薬物乱用について恋人を問い詰める。
・情報提供や援助に消極的な同僚と話をする。
・低い勤務評価をつける。
・義理の両親に夫婦生活に干渉しないよう説得する。
・不潔な同僚に注意する。

本書の大胆な主張

難しい問題を避けるか、それに取り組んで最悪の行動を取ったとしよう。それがどんな結果を引き起こすのか？　単なる話だけですむのか？　失敗した話し合いの影響が、会話を終えたあとも尾を引くのではないか？　それを気にしなくてもいいのか？

実際、話し合いに失敗すると、広範囲に破滅的な影響を及ぼすおそれがある。筆者の研究によれば、力強い人間関係、優れた経歴、しっかりした組織やコミュニティはすべて、同じ力に支えられている。その力とは、重要な結果、反対意見、強い感情を伴う話題について率直に話す能力である。

そこで本書ではこう主張したい。

クルーシャル・カンバセーションの法則

組織、チーム、人間関係のほとんどの慢性的問題の中心には、クルーシャル・カンバセーションがある。クルーシャル・カンバセーションを避けるか、それに適切に対処していないのである。二〇年にわたり一〇万人以上を対象に行った調査によれば、有能なリーダー、チームメイト、両親、配偶者や恋人は、感情的・戦略的に厄介な問題に巧みに対処するあるスキルを持っている。

以下に、この魅力的な法則の事例をいくつか紹介しよう。

キャリアを前進させる

クルーシャル・カンバセーションを自在にコントロールできれば、キャリアに役立つのか？　それは間違いない。二五年にわたり一七の組織を対象に行った調査によれば、影響力の大きな人、すなわち、仕事ができると同時に有益な人間関係を構築できる人は、クルーシャル・カンバセーションを自在にコントロールしている。

たとえば、業績のいい人は、キャリアに傷がつかないような形で上司に抵抗する方法を知っている。難しい問題の話し合いに失敗し、キャリアに傷をつけた人はたくさんいる。読者にもそんな経験があるかもしれない。手間のかかる不自然な上司のやり方にうんざりし、ずばりと意見を言ってしまう。しかも少しぶっきらぼうに（「しまった！」）。あるいは、ある問題が差し迫ってきたが、同僚たちはそわそわ気をもむばかりで何もしないため、自分が意見を言うことにする。穏やかな話し合いにはならないが、上司が愚かな行動に出ないよう誰かが勇気を出して止める必要がある（「大丈夫だろうか？」）。

だが結局のところ、正直な行動と実際的な行動のどちらかを選ぶ必要はない。誠実さとキャリアのどちらかを選ぶ必要もない。日ごろからクルーシャル・カンバセーションに取り組み、適切に対処している人は、反対されそうな危うい意見を相手に聞いてもらう術を知っている。そのような形で表明された意見であれば、上司や同僚、直属の部下たちも、身構えることも腹を立てることもなく耳を傾ける。

自分のキャリアについて考えてみてほしい。あなたが避けている、あるいは適切に対処していないクルーシャル・カンバセーションはないか？　それがあなたの力を台なしにしていないか？　クルーシャル・カンバセーションへの対処の仕方を改善すれば、キャリアを一歩前進させられるのではないか？

組織の力を高める

組織の業績もまた、個人がクルーシャル・カンバセーションに対処できるかどうかといった人間的な部分に左右されるのか？

数多くの研究が、その答えはイエスだと述べている。

筆者は二五年前から決定的瞬間を追い求めてきた。「誰かの行動が、主要業績指標に思いがけないほどの影響を及ぼす瞬間があるのか？」。あるとすれば、それはどんな瞬間であり、その瞬間に私たちはどう行動すべきなのか？

この研究は、やがてクルーシャル・カンバセーションにたどり着いた。多くの場合、きわめて厄介な問題に対処しなければならなくなったときに、適切に対処するか否かで世界は変わる。その例を紹介しよう。

沈黙は障害になる　ある医師が、患者に点滴をする準備をしているが、安全を考慮して着用を義務づけられている手袋、上着、マスクを着用していない。看護師がその着用について医師に指摘しても、医師はそれを無視して点滴を始めてしまう。七〇〇〇人以上の医師と看護師を調査したところ、彼らは絶えずこうした決定的瞬間に直面しているという。実際、回答者の八四パーセントが、手っ取り早い方法を取る人、医療関係者にあるまじき行動を見せる人、ルールを破る人を頻繁に見ると答えている。

だが、問題はそこではない。

本当の問題は、違反や逸脱を目撃した人が何も言わないことにある。世界中で調査してみると、こうした決定的瞬間に声を上げる看護師は、一二人に一人もいない。そんなクルーシャル・カンバセーションに向き合う医師の割合も同程度だ。

彼らが声を上げなければ、あるいは、こうしたクルーシャル・カンバセーションに適切に対処しなければ、患者の安全（死に至る場合もある）、看護師の離職率、医師の満足度、看護師の生産性など、さまざまなところに影響が出る。

沈黙は失敗をもたらす　企業の幹部や管理職にいちばんよく見られる不満は、従業員が部門間で連携しないことだ。従業員は、自分の部門内でこなせる仕事はそつなくこなす。だが残念なことに、部門間の協力が必要なプロジェクトの八〇パーセント近くは、予想以上のコストがかかり、期待したほどの生産性を挙げられず、予算を大幅に超過してしまう。なぜなのだろう？

そこで筆者は、世界中の数百の企業で展開された二二〇〇以上のプロジェクトやプログラムを調査した。結果は驚くべきものだった。失敗するプロジェクトを九〇パーセント近い精度で予測できることがわかったのだ。しかも、数ヵ月前あるいは数年前からである。本書のテーマに沿って言えば、成功するか失敗するかの分かれ道は、従業員が五種類のクルーシャル・カンバセーションを行えるかどうかで決まる。たとえば、プロジェクトの範囲やスケジュールが現実的でないと思ったときに声を上げられるか？　部門横断型チームのメンバーが仕事を怠け始めたときに、見て見ぬふりをしていないか？　さらに難しいことを言えば、幹部がプロジェクトでリーダーシップを発揮できないときに、従業員は何をすべきか？

大半の企業では、こうした決定的瞬間になっても従業員は黙っていた。一方、こうした懸念事項について従業員が率直かつ適切に意見を述べられる企業では、プロジェクトが失敗する割合は半分以下だった。プロジェクトに問題があると、コストの上昇、納期の遅れ、士気の低下など、主要業績指標の悪化となって表れる。だがその根本原因は、決定的瞬間に従業員が声を上げようとしないこと、あるいは声を上げられないことにある。

筆者が行ったそのほかの重要な研究（詳細はwww.vitalsmarts.com/researchを参照）を合わせて考えると、クルーシャル・カンバセーションに長けた従業員がいる企業には、以下のような特徴がある。

・資金繰りの悪化に五倍早く対応できる。クルーシャル・カンバセーションに長けていない同業他社よりもはるかに合理的な予算調整ができる（研究タイトル「Financial Agility 機敏な財務管理」）。

・危険な環境による傷害・死亡事故を避けられる確率が七割近く高い（研究タイトル「Silent Danger 沈黙に伴う危険」）。

・従業員がクルーシャル・カンバセーションから逃げず、それに取り組むごとに、一五〇〇ドル以上のコスト、八時間労働一日分の時間が節約できる（研究タイトル「The Cost of Conflict Avoidance 衝突回避のコスト」）。

・バーチャルチーム（離れた場所にいるメンバーで構成されるチーム）において相互の信頼を大いに高め、業務コストを大幅に減らすことができる。クルーシャル・カンバセーションに適切に対処できないチームは、一三種の問題（裏切り、陰口、弱体化、受動的攻撃など）にさらされるが、コロケーションチーム（同じ時間に同じ場所で仕事をするチーム）に比べバーチャルチームは、問題を抱える割合が三倍高い（研究タイトル「Long-Distance Loathing 遠距離に及ぶ嫌悪感」）。

・横柄な態度を取る同僚、悪事を企む同僚、誠意が感じられない同僚、何もしようとしない同僚に変化を促せる。一〇〇〇人近い人に尋ねたところ、回答者の九三パーセントが、職場にこのような人がいるという。彼らは何の責任も負わされないまま四年以上も現在の地位に留まり、「どうしようもない」状況にある（研究タイトル「Corporate Untouchables 企業内ののけ者」）。

大半のリーダーは誤解している。企業の生産性や業績は、方針や工程、構造、システムだけの問題だと思っている。そのため、ソフトウェア製品が予定どおり出荷できないときには、他社の開発工程を見習う。生産性が落ちたときには、業績管理システムを見直す。チームが協力的でないときには、チームを再編成する。

だが筆者の研究によれば、こうした人間以外の改革は失敗する場合のほうが多い。真の問題は、工程やシステム、構造にあるのではなく、従業員の行動にあるからだ。本当に改革したければ、新たな工程を導入するのではなく、従業員一人ひとりに工程への責任を持たせることが重要になる。そのためには、「クルーシャル・カンバセーション」のスキルが欠かせない。

最悪の企業では、業績の悪い人はまず無視され、やがて左遷される。普通の企業では、最終的には上司が問題に対処する。最良の企業では、能力や地位を問わず、あらゆる従業員が責任を分かち合う。高い生産性は、静的なシステムを通してではなく、面と向かっての話し合いを通して達成される。

自分について考えてみてほしい。あなたの会社は、ある重要な目標へ向けて進むことだけにこだわっていないか？　もしそうなら、あなたが避けている、あるいは適切に対処していないクルーシャル・カンバセーションはないか？　一緒に働いている仲間はどうか？　彼らはクルーシャル・カンバセーションに取り組もうとしているか、それから逃げようとしているか？　クルーシャル・カンバセーションへの対処の仕方を改善することで、大きく前進できないか？

ビデオ Case Study（STPニュークリア・オペレーティング・カンパニーの事例研究）
「クルーシャル・カンバセーション」のスキルにより国内業界トップに躍り出たテキサス州の原子力発電所を紹介する。
動画を視聴するには、www.CrucialConversations.com/exclusive へ。

人間関係を改善する

クルーシャル・カンバセーションが人間関係にどれほどの影響を与えられるかを考えてみよう。クルーシャル・カンバセーションに失敗すれば、人間関係も破綻するのか？　一般の人にカップルが別れる原因を尋ねてみると、たいていは考え方の違いだという。誰もが知っているように、金銭の管理の仕方、恋愛生活の楽しみ方、子供の育て方に関する考え方は、人それぞれ違う。実際、重要な問題についての言い争いは誰もが経験しているだろう。しかし、だからといって誰もが別れるわけではない。重要なのは、こうした問題についてどう話をするかだ。

筆者の仕事仲間であるハワード・マークマンが、激しい言い争いの渦中にある夫婦を調査したことがある。それによると、このような場合、人間は以下の三種類に分けられる。話をそらして攻撃的に相手を非難する人、苛立ちながら黙っている人、率直かつ誠実にきちんと話をする人である。

マークマンは夫婦を数百時間観察した後、もう一人の学者と協力して、観察した夫婦の行く末を予測し、続く一〇年間その夫婦の関係を追跡調査した。すると驚くべきことに、九〇パーセント近い精度で離婚を予測できた【原注1】。しかしそれより重要なのは、クルーシャル・カンバセーションに適切に対処する方法を夫婦に教えると、不幸や離別に至る可能性が半分以上減ったことだ。

自分について考えてみてほしい。大切な人との関係はどうだろう？　現在あなたが避けている、あるいは適切に対処していないクルーシャル・カンバセーションはないか？　ある問題から逃げ、別の問題に突き進んでいないか？　不満を抑えるあまり、嫌みや当てつけがましい言葉がつい口からこぼれていないか？　あなたの夫や妻や恋人、家族はどうだろう？　彼らはいらいらしているそぶりを見せない代わりに、絶えず陰でひどい悪口を言っていないか？　あなたはいちばん大切なときに（結局、相手はあなたの大切な人たちなのだから）、最悪の行動を取っていないか？　もしそうなら、クルーシャル・カンバセーションへの対処法を学ぶことで、得られるものがきっとあるはずだ。

健康状態を改善する

これまでの説明ではまだ、クルーシャル・カンバセーションに注目する必要があるとは思えないという人もいるだろう。だが、重要な結果を伴う話し合いを自在にコントロールできれば、それが健康にプラスの効果をもたらし、長生きできるようになるとしたらどうだろう？

免疫系　ジャニス・キーコルト・グレイザー博士とロナルド・グレイザー博士が行った画期的な研究を見てみよう。二人は、絶えず口論している夫婦と、考え方の違いをうまく解決している夫婦とを比較し、それぞれの夫婦の免疫系を調査した（調査した夫婦の平均結婚期間は四二年）。すると、何十年間口論をしても、絶えず衝突していることで受けるダメージは少しも減らないことがわかった。むしろその反対である。クルーシャル・カンバセーションにいつも失敗する夫婦は、それに適切に対処する方法を知っている夫婦に比べ、はるかに免疫系が弱い【原注2】。言うまでもなく、免疫系が弱いほど不健康になる。

命にかかわる病気　健康に関するきわめて啓発的な研究がある。従来の治療を施した悪性黒色腫の患者を、二つのグループに分ける。第一のグループは、六週にわたり毎週一度集まり、具体的なコミュニケーション・スキルを学ぶ（命以上に重要な話題はない）。第二のグループには何もしない。

それから五年後に調べてみると、自分をきちんと表現するための講習を六回受けただけの第一グループのほうが、生存率が高いことがわかった。講習を受けていない第二グループの死亡率が三〇パーセント近くに及んだのに対し、第一グループの死亡率はわずか九パーセントだった【原注3】。この調査結果の意味をよく考えてほしい。話をする能力、ほかの人と関係を結ぶ能力が多少向上しただけで、死亡率が三分の一に減ったのだ。

クルーシャル・カンバセーションに対処する能力が健康状態にも影響を及ぼす証拠は、いくらでもある。日に日に増えているほどだ。しかし大半の人は、そう言うのはやや大げさすぎるのではないかと思うに違いない。「おいおい、人と話をするしないで体が変わるって言うのかい？　それで死ぬかもしれないって？」

簡単に言ってしまえば、答えはイエスである。不健全な話し合いしかできず、マイナスの感情を抑え、心の痛みに苦しみ、繰り返される精神的ダメージに耐えていると、徐々に健康がむしばまれていく。不適切な話し合いがささいな問題しか起こさない場合もあるが、最悪の不幸に至る場合もある。いずれにせよ、話し合いに適切に対処できなければ、生活や健康を向上させることはできない。

自分について考えてみてほしい。あなたをいちばん苦しめているのは、具体的にどのような話し合いなのか？　どの話し合いに適切に取り組めば、免疫系を強化し、病気を遠ざけ、生活の質を向上させ、幸福感を高めることができるのか？

まとめ

重要な結果、反対意見、強い感情を伴うとき、何気ない話がクルーシャル・カンバセーションになる。だが皮肉なことに私たちは、重要な話し合いになればなるほど、適切に対処できなくなる。クルーシャル・カンバセーションを避けたり、その対処に失敗したりすると、重大な結果を招きかねない。キャリア、地域社会での暮らし、人間関係、健康など、生活のあらゆる面を悪化させるおそれがある。

だが、いい知らせがある。一連の強力なスキルを身につけ、クルーシャル・カンバセーションに取り組み、適切に対処できるようになれば、生活のあらゆる面を向上させていくことができる。

そのスキルとはどんなものなのか？　クルーシャル・カンバセーションに長けた人は、実際のところ何をしているのか？　だが、何より重要なのは次のことだ。それは私たちにもできることなのか？

2

クルーシャル・カンバセーションをマスターする

――会話の力

大切なことについて声を上げないようになったとき、私たちは死に向かい始める。

――マーティン・ルーサー・キング牧師

筆者は最初から、クルーシャル・カンバセーションのことばかり考えていたわけではない。実際、研究を始めた当初は、やや異なるテーマを扱っていた。当時のテーマは、有能な人々がなぜ有能なのかがわかれば、その人たちがしていることを学び、それをまねて他の人にも伝えられるのではないか、というものだった。

成功のもとを見つけようと、まずは職場から調査を始めた。さまざまな職場の従業員に、同僚の中で最も有能だと思う人を訪ねてまわったのだ。過去二五年間にこの調査を行った従業員の数は、優に二万人を超える。こうして、単に影響力があるというだけでなく、ほかの従業員より飛び抜けて影響力が大きいという人を探した。

やがて、名前をリストにまとめるごとにパターンが見えてきた。中には一人か二人の同僚からしか指名されない人もいるが、五～六人の同僚からその名が挙がった人もいる。だが、こうした人はある程度影響力があると言えるが、傑出した人物として広く認められるほどではない。しかし間もなく、わずかながら、三〇人以上から指名される人物が現れ始めた。彼らこそまさに、その分野の意思決定に大きな影響力を持つ、最高のオピニオンリーダーと言える。その中には管理者や監督者もいたが、大半がそうではなかった。

筆者がとりわけ興味を抱いたオピニオンリーダーに、ケビンという名の人物がいた。ケビンは、自身が勤める会社に八人いる副社長の一人だが、著しく影響力があると従業員に認められていた副社長は、彼だけだった。筆者はその理由が知りたかった。そこで、彼の仕事ぶりを観察することにした。

当初ケビンは、特に目を引くようなことは何もしなかった。実際、ほかの副社長と同じように見えた。電話に出たり、直属の部下と話をしたり、型どおりの作業を楽しそうに繰り返しているだけだった。

衝撃的な発見

一週間ほどケビンの行動を追跡した後、筆者は疑問を抱き始めた。彼は本当にほかの人と違う行動を取るのだろうか？　彼の影響力とは、単なる人気の問題ではないのか？　そう思いつつ筆者は、ケビンと一緒にある会議に出席した。

その会議では、ケビンやそのほかの幹部とＣＥＯが出席し、オフィスの移転先を決めることになっていた。同じ街の別の場所に移転するのか、同じ州内の別の街に移転するのか、別の州に移転するのか？　最初に二人の幹部が、自分たちが最善と考える案を提示し、その論拠を挙げた。すると予想どおり、その主張に対して全員から鋭い質問が飛んできた。裏づけのない論拠はことごとく疑問視され、あいまいな主張は一つ残らず明確にされた。

だがそこへＣＥＯのクリスが口を出し、自分の好みを押しつけてきた。その案は不人気なうえ、重大な問題を引き起こすおそれがある。しかし、ほかのメンバーが反対し、思いとどまらせようとしても、クリスは聞く耳を持たない。上司の中の上司なので、自分の希望を通すために脅しをかける必要はなく、ほんの少し身構えさえすればよかった。クリスは片方の眉を上げ、次いで人差し指を立て、最後にほんの少し語気を強めた。すると間もなく、会議のメンバーはクリスに意見するのをやめた。沈黙の中、ＣＥＯの不適切な提案が承認された。

と、そう思われたとき、ケビンが声を上げた。その発言はシンプルそのものだった。こんな感じである。「クリス、あなたのその意見について確認してもいいかな？」

その反応に誰もが驚き、息をのんだ。だがケビンは、怯えているらしいメンバーにかまうことなく話を進めた。それからの数分間で彼が主張したのは、ＣＥＯは意思決定の指針に違反しているのではないか、ということだ。ＣＥＯはその権力をさりげなく利用し、自分の故郷にオフィスを移転させようとしている。

ケビンは、この場で何が行われつつあるかを説明した。このさじ加減の難しいやり取りが数分続くと、クリスはもう何も言えなくなってしまい、やがてうなずいてこう言った。「きみの言うことが間違いなく正しい。きみたちに自分の意見を押しつけようとしていた。また議論をやり直そう」

これはまさにクルーシャル・カンバセーションだった。ケビンは、いいかげんな態度に一切頼らなかった。同僚のように黙り込むこともなければ、他人に持論を押しつけようともしなかった。公正で率直な議論をしただけだが、それを、クリスへの深い敬意を示しながらやってのけた。卓越した注目すべき行動だった。結果的に、会議に参加した人々ははるかに合理的な場所を選択し、ＣＥＯもケビンの思いやりある指導に感謝した。

ケビンの話が終わったとき、会議に参加していた幹部の一人が筆者のほうを向いて言った。「今の行動を見たかい？　彼がなぜ仕事ができる男だと思われているか知りたいのなら、たった今、彼が何をしたかを理解することだ」

筆者はそれを実践した。それから二五年間、ケビンと同じような人たちがどんな行動を取るのかを探り、やがてその答えを見つけた。彼らとそのほかの人との違いは主に、愚かな選択を回避する能力にあった。

読者もおわかりのように、ケビンは提案内容で会議に貢献したわけではない。その場のほぼ全員が、何が行われようとしているか気づいていたに違いない。彼らはＣＥＯに押しきられ、誤った決断を下そうとしていた。おそらくケビン以外の出席者はみな、以下の二つの選択肢のどちらかを選ぶほかないと思っていたことだろう。

- 選択肢一　率直な意見を述べ、会社でいちばん力を持つ人物から目の敵にされる。
- 選択肢二　意見することなく黙り込み、会社を破滅させかねない誤った決断を下す。

大半の人は、クルーシャル・カンバセーションにおいてこうした過ちを犯す。「真実を述べる」という選択肢と「友好関係を保つ」という選択肢のどちらかを選ぶほかないと思い、「愚かな選択」を行う。私たちは幼少期から、こうした選択をしなければならない場面があることを学ぶ。たとえば、ある子供の祖母が、アイスクリームを乗せたいつもの芽キャベツのパイを作り、それを切り分けて大きな一切れを差し出して、「これ好き？」と尋ねる。その質問には「おばあちゃんのこと好き?」という本当の意味が隠されている。しかし子供は正直に答えてしまう。すると祖母は、傷ついたような表情や嫌悪の表情を見せる。こうして子供は、今後の生涯に大きな影響を及ぼすこんな決断を下す。「これからは、正直な言葉と思いやりのある言葉のどちらかを選ばなければならないときには、気をつけよう」

「愚かな選択」を乗り越える

そしてその日以来、このような場面に何度も出くわすことになる。実際、上司や同僚、恋人や夫や妻、あるいは編集者との間で、そんな機会は無数にある。だが、こうした愚かな選択は、悲惨な結果をもたらしかねない。

だからこそ、ケビンのような存在を発見したことに大きな意味がある。つまり、「愚かな選択」を拒む人たちの存在である。彼らが目指すところは、一般の人々とは違う。ケビンについて言えば、あの会議で一息吸って口を開くとき、何よりもまずこう考えていたに違いない。「クリスに一〇〇パーセント敬意を払いつつ、一〇〇パーセント正直でいるにはどうすればいいか?」

あの重要な会議のあと、筆者はケビンと同じ類いの人間を探し、世界中でこうした人を見つけた。同じような人は、産業界にも、政府機関にも、学術機関にも、非営利組織にもいた。たいていは、その組織の中でもきわめて大きな影響力を持つ人物なので、見つけるのは簡単だった。彼らは、「愚かな選択」を拒むだけでなく、ほかの同僚よりもはるかに巧みな行動を取っていた。

では、具体的に何をしたのか？ ケビンを見ていても、ほかの同僚とさほど違いはなかった。確かに、難しい問題に取り組み、より優れた選択を下す方向へ会議を導いてはいた。だがそれは、誰にでもできるものではなく、むしろ個人の魅力によるものではないのか？他人がまねすることなどできるのだろうか？

この疑問に答えるため、まずはケビンが何を成し遂げたのかを考えてみよう。それがわかれば、私たちが目指すべきところもわかる。次いで、コミュニケーションに長けた人が常日ごろ使っている会話ツールを分析し、クルーシャル・カンバセーションにそれを応用する方法を学んでいくことにしよう。

会話

重要な結果、反対意見、強い感情を伴う話し合いになる場合、コミュニケーションに長けた人は、自分や他人が持つあらゆる関連情報を表に出す方法を考える。

それだけだ。話し合いが成功するとき、その中心には常に、関連情報の自由な流れがある。話し合いに参加する人々が、率直かつ正直に自分の意見を表明し、気持ちを伝え、考えを述べることができる。異論がありそうな見解や不人気なアイデアであっても、遠慮なく言える。ケビンらコミュニケーションに著しく長けた人たちが常に成し遂げてきたことは、まさにそれなのだ。

この注目に値する状態を、本書では「会話」と呼ぶことにしよう。

会話（名詞）
二人以上の間における認識の自由な流れ。

しかし、ケビンらが成し遂げようとしていることがわかったとしても、まだ二つ疑問がある。第一に、この認識の自由な流れが、成功にどのようにつながるのか？　第二に、認識の自由な流れを促すにはどうすればいいのか？

認識の自由な流れと成功との関係については、今ここで説明しよう。第二の疑問、つまり、どんな状況にあっても「愚かな選択」をせず、会話を実現するために何をしなければならないのかについては、本書の残りの部分を使って説明していきたい。

共有認識のプールを満たす

私たちは誰でも、議論すべき問題について、自分の意見や気持ち、考え、経験などを持って話し合いに臨む。こうした考えや気持ちの組み合わせが、私たち一人ひとりの認識のプールを作りあげている。このプールは、私たちを特徴づけるだけでなく、私たちのあらゆる行動のもとになる。

二人以上の人間がクルーシャル・カンバセーションに臨むとき、同じプールを持っている人は当然いない。意見は一人ひとり異なる。信じている事柄もこれまでの経歴も違う。そこで、会話に長けている人は、参加者が共有するプールに、誰もが安心して自分の考えや気持ちを注ぎ込めるよう最善を尽くす。一見したところ異論のありそうなアイデア、間違った意見、自分の考えとは違う見解であってもである。もちろん、彼らがあらゆるアイデアに同意しているわけではない。ただ、あらゆるアイデアが表に出るようできるかぎりの努力をするのだ。

この「共有認識のプール」が大きくなると、二つの利点がある。第一に、一人ひとりがより詳細な関連情報に触れられるため、より優れた選択ができる。事実上、「共有認識のプール」は、そのグループの知能指数の指標となる。共有のプールが大きいほど、賢明な決断が下せる。選択にかかわる人間が大勢いたとしても、それは変わらない。心を開いて自由に意見を伝え合えば、たとえそれに費やす時間が大幅に増えたとしても、それに見合う以上に質の高い決断を下すことができる。

一方、共有のプールが危険なほど小さいとどうなるかは、誰もが知っているだろう。自分の考えや気持ちを相手にわざと伝えないでいると、個人的には優秀な人々が、集団になると愚かな行動を取ってしまう場合がある。

たとえば、筆者の顧客がこんな話を教えてくれた。

ある女性が入院し、扁桃摘出手術を受けたところ、外科チームが誤って足の一部を切除してしまった。どうしてこんな悲劇が起きたのだろう？　実際、アメリカの病院では毎年、人為的なミスにより二〇万人近くが死亡しているという【原注4】。その理由の一つとして考えられるのは、医療関係者が自分の意見を述べるのをためらう傾向にあることだ。この女性の場合も、七人もの関係者が、この外科医はなぜ足を手術しているのだろうと思ったが、何も言わなかった。自分の意見を言うことをためらったため、認識の自由な流れが生まれなかったのだ。

もちろん、こうしたためらいが生まれるのは病院だけではない。頭の回転が速く、自信に満ち、遠慮なくものを言う高給取りの上司がいる場合（すなわち、この世のほとんどの場合）、たいていの人は、権力の座にいる人の怒りを買うぐらいなら、自分の意見を引っ込めたほうがいいと思ってしまう。

逆に、遠慮なく意見が言え、認識の自由な流れがある場合には、共有のプールによりグループの判断能力が劇的に高まり、より優れた決断を下せる。ケビンの出席した会議を思い出してほしい。出席者全員が自分の意見を述べ始めると、状況がいっそう明確かつ詳細にイメージできるようになった。

異なる提案をした理由がわかると、それをもとに一人ひとりが考え直す。一つのアイデアが次のアイデアを生み、それがまた次のアイデアを生み、最終的には、当初は誰も思いつかなかった、全員が心から賛成できる代替案が浮かび上がる。認識の自由な流れにより、全体（最後の選択）が部分の総和を上まわったのだ。これを一言で言うとこうなる。

共有認識のプールが、相乗効果を生み出す

共有のプールは、一人ひとりがより優れた選択をするのに役立つだけではない。認識が共有されるため、最終的にどんな判断を下すにせよ、参加者は確信と一体感をもって、進んでその判断に従うようになる。アイデアが共有されるオープンな話し合いでは、参加者は認識の自由な流れに加わる。そのため、共有されたあるアイデアが最善の解決策に選ばれた理由がわかり、その解決策の実現に全力で取り組むようになる。ケビンやそのほかの幹部が最終的な決定を受け入れたのは、彼らがその決定に関与していたからというだけでなく、きちんとその理由を理解していたからでもある。

反対に、決定に関与していない人や、難しい問題に関する話し合いの間、黙って傍観しているだけだった人が、最終的な決定に全力で取り組むことはめったにない。彼らのアイデアはまだ頭の中に残っており、その意見が共有のプールに注ぎ込まれることはない。そのため最終的な決定に対し、心の中で批判するか、消極的に抵抗するようになる。さらにひどいのは、誰かが共有のプールに、自分の意見を無理やり押し込んだ場合だ。こうなるとほかの人は、その情報を受け入れることがいっそう難しくなる。その場では、当の意見に従うと言うかもしれないが、いずれ背を向け、その意見をぞんざいに扱うようになる。サミュエル・バトラーの言葉を借りれば、「自分の意思に反して従う者は、まだ自分の意見を持っている」のである。

事前に共有認識のプールを作るために十分な時間を費やせば、後に、一体化された迅速かつ熱心な行動が生まれ、その時間に見合う以上の利益をもたらす。

たとえば、ケビンら幹部が移転先を決める会議に熱心に取り組んでいなければ、悲惨な結果になっていたに違いない。決定に素直に従う人もいれば、しぶしぶ従う人もいただろう。廊下で言い争う人もいれば、何も言わないまま計画に抵抗する人もいただろう。そのためおそらくは、もう一度集まって話し合い、決議をやり直さなければならなくなる。誰もが影響を受ける決議で、たった一人が自分の意見を押し通したために。

ここで誤解してはいけない。筆者は何も、あらゆる決定が全員の合意によらなければならないとか、上司が最終決定に参加したり最終的な選択をしたりしてはいけないと言っているわけではない。ただこう言いたいだけだ。どんな意思決定方法を用いるにせよ、誰が選択をするにせよ、共有認識のプールが大きいほど、より優れた選択ができ、一体感が高まり、強い確信をもって実行できるようになる。

私たちが口論をする、言い争う、議論から逃げる、そのほか不適切な行動を取るのは、認識の共有の仕方を知らないからだ。健全な会話をせず、代償の大きい愚かでいいかげんな態度を演じているのだ。

たとえば、私たちはときに黙り込んでしまう。相手に敬意を表して声を上げない。つまり、権力の座にある人に立ち向かおうとしない。あるいは家庭で、恋人によそよそしくふるまう。そんな残酷な策を弄して、恋人に優しくしてもらおうとする（一体どんな論理でそんな行動を取るのだろう?）。

またときには、暗示や皮肉、辛辣なユーモア、あてこすり、不快な表情を利用して言いたいことを言う。相手を思いやって苦しんでいるふりをする。恐くてある人を責めることができず、問題をチーム全体の責任にして、その人が自分の落ち度に気づいてくれることを願う。どんな方法であれ、していることは同じだ。自分の考えや気持ちを共有のプールに入れず、黙り込んでいる。

あるいは、会話を維持する方法がわからず、自分の考えや気持ちを無理やり共有のプールに押し込もうとする。そんなときには、ささやかな心の操作から言葉による攻撃まで、さまざまな暴力を利用する。自分の主張が正しいと思わせようとして、何もかも承知しているふりをする。相手の主張が正しくないと思わせようとして、相手の信用を損ねるようなことを言う。このように、あらゆる力を駆使して自分の思いどおりにする。相手に害を及ぼす場合さえあるかもしれない。上司の威光を借りて、偏見混じりの長広舌や中傷で相手を攻撃する場合もある。その目的は言うまでもない。自分の意見に相手を従わせることにある。

だが、さまざまな意見をまとめるいい方法がある。重要な結果、反対意見、強い感情を伴う問題を話し合うとき、私たちはたいてい最悪の行動を取ってしまう。それを成功に導くためには、自分の認識のプールに何があるかを説明し、相手にもそれぞれのプールに何があるかを伝えてもらうようにすればいい。重要な結果を伴い、デリケートな問題にかかわり、異論が出そうな意見、気持ち、アイデアであればなおさらである。私たちは、安心してこうした話題に取り組み、認識のプールを共有するためのツールを身につけるべきだ。そうすれば、人生が変わる。

会話スキルは習得できる

ここで、実にいい知らせがある。重要な結果を伴う話し合いをマスターするために必要なスキルは、簡単に見つけられ、習得するのも比較的容易だ。そもそも適切に対処されたクルーシャル・カンバセーションは、印象に残りやすい。誰かが、重要な結果、反対意見、強い感情を伴う危うい話し合いに入り、それにきわめてうまく対処するのを見れば、あとずさりするほどびっくりするはずだ。「すごい！」という言葉がつい口からもれてしまうことだろう。絶望的だと思われた話し合いが、みごとに解決されるのだ。思わず息をのむに違いない。

会話スキルは、このように見つけやすいだけではない。習得するのも比較的簡単だ。次にその説明に移ろう。筆者は、この「すごい」会話の研究を二五年にわたり続け、会話に長けた人のスキルを分離・抽出することに成功した。まずは、ケビンのような人物の行動を追跡し、会話がクルーシャルになると詳細なメモを取った。それから観察結果を比較し、仮説を検証し、単純化したモデルを構築し、コミュニケーションに長けた人が話し合いを成功させるために一貫して使っているスキルを見出した。そして最後に、筆者の信条、理論、モデル、スキルを、一まとまりの学習ツールにまとめあげた。重要な結果を伴う話し合いのためのツールである。筆者がこのツールの指導をしたところ、あちこちで主要業績指標や人間関係の改善が見られた。

これで、筆者がこれまで学んできたことを伝える準備は整った。以下の章で、手をつけがたいクルーシャル・カンバセーションから望みの成果や成功を引き出す方法を解説していくので、ついてきてほしい。それは、読者が今後マスターするスキルの中でも、とりわけ重要なスキルになるだろう。

私のクルーシャル・カンバセーション――ボビー・R

私のクルーシャル・カンバセーションは、二〇〇四年に初めてイラクに派遣される前夜に始まった。それまでも私は、さまざまな出来事や相容れない考え方のせいで、家族とさまざまな点で対立していた。その夜は、さらに戦地に向かうという緊張感が加わり、家族との対立をいっそう深めてしまった。きっかけは、父がよかれと思って質問をしたのに、私が勝手に裏の意味を読み取り、激怒したことだった。それから数時間にわたる口論は悪循環を引き起こすばかりで、やがて家族全員を巻き込んだ言い争いになった。兄弟姉妹、いとこ、おじやおば、両親、子供、祖父母がみな、どちらかの側についた。

私がイラクの首都バグダッドで小隊を率いている間に、家族の絆はどんどん断たれていった。妻は一歳になる子供と実家におり、二人目を妊娠していた。私が任地にいる間に二人目が生まれたが、新たな家族が増えても状況は悪化する一方だった。私が一四ヵ月ぶりに帰国すると、家族は世代ごとに完全に分裂していた。私と父はそれから五年間、一言も話をしなかった。

だが、「クルーシャル・カンバセーション」の講習が、父との関係を救ってくれた。三度目にイラクへ派遣される前に、「クルーシャル・カンバセーション」の講師をしている隣人が、私を講習会に誘ってくれたのだ。私はイラクへ向かう数週間前、父に連絡を取り、父がまだ見たことのない二人の子供のことを話し、間もなく戦地に向かうことを伝えた。その際、五年前に犯した過ちを繰り返したくないと言うと、父は会うことを承諾してくれた。

夕焼けが美しく映えるヒューストンの家のバルコニーで、私は無数の苦しみやたまりにたまった鬱憤を抑えながら、父と緊迫した三時間を過ごした。講習で学んだことを念頭に、正直な気持ちを抑えるのではなく、正直でありながら敬意を失わない状況を作りだそうと懸命に努力した。それはとてつもなく難しかった。正直な気持ちを伝えるあまり、これまでの激しい対立状態に戻りそうになることもあった。だが私は、心から望んでいることに意識を集中し続けた。心から望んでいること、それは家族との関係の回復だ。

父との話し合いが終わると、夕食の席で母と会った。母はこれまで、私の怒りの言動に深く傷ついており、私がまだ、反抗的で、皮肉屋で、横柄で、意地悪な子供時代と同じなのではないかと疑っていた。それでも、私が「共通の目的」をはっきりと示し、これまでの言動を後悔し、敬意を払って話をしてくれたと父が言うと、母も絆を取り戻すチャンスを私に与えてくれた。こうして今では、あらゆる点で折り合いがついたわけではないが、妻と四人の子供と両親との間に愛情あふれる関係を築くことができた。何か心配ごとがあれば、以前のように黙り込まず話をする約束もしている。

家族と現在の関係を築けたのは、あのバルコニーでのクルーシャル・カンバセーションに成功したからにほかならない。講習で学んだことを実践していなければ、怒りに任せて冷淡な態度を取り、父との関係は完全に断たれていたことだろう。「クルーシャル・カンバセーション」の講習に私を誘ってくれた隣人のおかげで、あの話し合いができたのだ。

——ボビー・R

本書の目指すところ

次章以降ではまず、会話ができる状況を生み出すのに役立つツールを解説する。要は、厄介な状況についてどう考え、それに備えるために何をするかだ。自分に目を向け、問題点を探り、自分の思考過程を検証し、自分の話し合いのスタイルを知り、手に負えなくなる前に問題点を把握すれば、当事者全員のためになる。その説明を読めば、自分や相手が抵抗なく会話できる状況を生み出せるようになる。

次いで、話をする、話を聞く、一緒に行動するためのツールを紹介する。これは、クルーシャル・カンバセーションについて考える際に、大半の人が考えていることだ。細心の注意を要するような意見をどう表明すればいいのか？　相手を不快にさせることなく説得するには、どんな話し方をすればいいか？　聞き方についてはどうだろう？　いやむしろ、臆病になっている人に話をさせるにはどうすればいいのか？　また、考えていることをどう実行に移せばいいのか？　その説明を読めば、話をする、話を聞く、一緒に行動するための重要なスキルが学べる。

そして最後に、モデルと広範な事例を示し、理論とスキルをすべて結びつける。さらに、行うべきことを実践できるかどうか確かめるために、会話に長けた人でさえ扱いに困るような一七の状況を提示する。それを読めば、重要な結果を伴う話し合いのためのツールを使いこなせるようになる。

3

本音を探る
——本当に欲しいものに集中し続けるには

腹を立てているときに話をすれば、後悔すること間違いなしの話ができる。

——アンブローズ・ビアス

それでは、会話の仕方の説明に入ろう。反対意見や強い感情に直面したときに、認識の自由な流れを促すにはどうすればいいのか？　これまでの一般的な人々の対応を見るかぎり、とても簡単そうには見えない。大半の人の話し合いのスタイルは長い間につちかわれた習慣に基づいているため、それを変えるには多大な努力が必要に思える。だが人間は変わることができる。実際、筆者は世界中の何百万という人にこのスキルを教え、成果や人間関係が劇的に改善されるのをこの目で見てきた。ただし、そのためにはある程度の取り組みが必要だ。魔法の薬を飲めば変われるわけではない。まずは自分自身を厳しい目で、じっくりと見つめ直す必要がある。

これが会話の第一原則となる。つまり「本音を探る」のである。この場合の「本音」とは、自分自身の「本音」を指す。自分をきちんと理解できなければ、きちんとした会話をするのも難しくなる。話がクルーシャル・カンバセーションになった瞬間、言い争いや黙り込み、ごまかしなど、これまでに身につけてきたコミュニケーション形式に頼ることになる。

自分たちの問題に取り組む前に、まずは自己の改善を

実話を例に説明を始めよう。ある暑い日の午後をディズニーランドで過ごした二人の幼い姉妹と父親が、ホテルの部屋に戻ってきた。あまりに暑かったため、姉妹はソーダ水をたらふく飲んでいた。そのため、姉妹が部屋に急いで戻ってきたとき、考えていることは一つしかなかった。どちらが先にトイレに入るかだ。

トイレは一つしかない。間もなくけんかが始まった。必死の形相をした姉妹が、狭いト

イレの中を跳びまわりながら怒鳴り合い、こづき合い、悪口を言い合っている。やがて一人が父親に助けを求めた。

「おとうさん、私が先に入ったのよ！」

「わかってるわよ、でも私のほうがもれそうなの！」

「そんなことどうしてわかるの？　私の体のことなんて知らないくせに。私は今朝出かける前からトイレに行ってないの！」

「自分勝手なんだから」

するとお父親がある提案をする。「おとうさんには決められないよ。そのままトイレにいていいから、自分たちでどちらが先でどちらがあとか決めなさい。ただし一つだけ言っておく。ぶつのはだめだ」

姉妹がそわそわしながらクルーシャル・カンバセーションを始めると、父親は時計を見た。どのくらいかかるだろうと思ったのだ。時計の針がゆっくりと進んでいく間、ときどき聞こえてくる嫌み以外、何の物音もしない。だが、二五分が過ぎたころになってようやく、トイレの水の流れる音が聞こえ、一人が出てきた。その一分後、また水の流れる音がし、もう一人が出てきた。二人ともトイレから出てくると、父親が尋ねた。「これだけの時間があれば、二人とも何回トイレに行けたと思う？」

二人の幼い姉妹は、そんなことを考えもしなかった。父親はさらに尋ねた。「トイレの順番を決めるのに、どうしてそんなに時間がかかったの？」

「おねえちゃんはいつも自分勝手なのよ！」

「あんたのせいよ。ただ待っていればいいのに、悪口ばっかり言って。自分の思いどおりにならないと気がすまないんだから！」

姉妹は二人とも、トイレに行きたかっただけだと述べた。それなのにむしろ、いつまでもトイレを我慢しなければならないような行動を取った。

これが、クルーシャル・カンバセーションで私たちが直面する第一の問題だ。ここで問題となるのは、態度が硬化したことではなく、目的が変わったことである。私たちはたいてい、それに気づかない。

つまり、本当に欲しい成果を手に入れるための第一のステップは、すべて悪いのは相手のせいだという考え方を克服することにある。「あの能なしを黙らせれば、すべてうまく行く」という独りよがりな考え方があるから、会話ができず、進歩もできないのだ。そのため、会話に長けた人はこの論理を逆に利用する。「私たち」の問題に取り組みたければ、「私」から始めるのがいちばんいいと考える。

自分に目を向ける

人生にはほかの人と正面から衝突する機会が無数にある。そんなとき、自分の側にまったく罪がないというケースはほとんどない（自分は単なる傍観者に過ぎないという場合もないわけではないが）。自分が問題に直面しているとき、たいていは自分にも何らかの責任がある。

会話に長けた人は、この単純な事実を理解し、「自分たちの問題に取り組む前に、まずは自己の改善を」という原則に従っている。こうした人は、自分のアプローチを改善すれば自分のためになることに気づいているだけでなく、どのみち自分が改善できるのは自分だけだということをよく知っている。確かに、相手の気持ちを変える必要があったり、相手の考えが変わることを望んだりするかもしれない。だが、私たちが絶えず働きかけられる人間、確実に変えられる人間は、自分しかいない。

この事実には、ある皮肉が含まれている。まず自己の改善から始める必要があると思っている人は、それを実践する。そのため、ますます会話に堪能になっていく。つまり、会話が下手な人ではなく、会話が得意な人ほど、会話スキルを絶えず改善しようとしていることになる。富める者がますます富むというのは、よくあることだ。

まず本音を探る

自分の会話スキルに目を向ける必要があることを認めたとしよう。そうなると、本書を買って恋人や同僚に手渡し、「きっと気に入ると思うよ。特にアンダーラインを引いておいたところはね」とは言わなくなる。そして、自分のためになる方法を見つけようとするに違いない。だが、どうすればいい？　どこから始めればいい？　不健全でいいかげんな態度から手を引くにはどうすればいいのだろう？

クルーシャル・カンバセーションのように明確な形式のない話し合いについて、順序立てて説明するのは難しいが、確実にわかっていることが一つある。それは、会話に長けた人はまず「本音を探る」ことから始める、ということだ。つまりこうした人は、きちんとした目的を持って厄介な話し合いに臨み、何が起ころうともその目的を忘れない。

会話に長けた人は、二とおりの方法でそれを実践する。第一に、抜け目のない冷徹な目で自分の望みを見きわめる。目的から目をそらす誘因が絶えずあったとしても、目的から離れることはない。第二に、会話に長けた人は「愚かな選択」（二者択一の選択）をしない。反抗するか逃げるかの選択しかないと言って不健全な行動を正当化する人とは違い、どんな状況であれ、会話という選択肢もあると考える。

本音に関するこの重要な二点について、一つずつ順に説明していこう。

正念場

会話を続けるうえで本音（本当に望んでいるもの）がどれほどの影響力を持っているかを確認するため、実例を一つ紹介しよう。

グレタは、中規模企業のＣＥＯである。幹部たちと緊迫した会議を始めてすでに二時間になる。この六ヵ月間、グレタは率先してコスト削減に取り組んできた。だがこれまで成果はほとんど出ていない。そのため会議を招集したのだ。何とかして幹部たちから、コスト削減を始めない理由を説明してもらわなければならない。だが、幹部たちはなかなか率直な意見を言おうとしない。

ところがグレタが質問を求めると、ある幹部がためらいつつも立ち上がり、下を向いてそわそわしながら、非常に答えにくい質問をしてもいいかとおずおず尋ねた。非常にという言葉の言い方が、まるでグレタを重大犯罪の容疑で告発しようとしているかのように聞こえる。

その幹部は、びくびくしながら言葉を続けた。

「グレタ、あなたはこの六ヵ月間、私たちにコスト削減を求めてきた。だが、この会議で私たちは、いいかげんな返事ばかりしていたようだ。もしよければ、コスト削減の障害になっているある件について話したいんだが」

「どうぞ、言って」。グレタがほほえみながら答える。

「その、あなたは、紙は両面使えとか、買い替えはあきらめろと私たちに言っておきながら、自分はもう一つオフィスを建てようとしている」

グレタは顔をこわばらせた。瞬く間にその顔が真っ赤に染まる。誰もがことの成り行きを見守っている。その幹部は続けた。

「うわさでは、調度品だけで一五万ドルかかるとか。本当ですか?」

この瞬間、話し合いがクルーシャル・カンバセーションに変わった。ある当事者が、共有認識のプールにきわめて不愉快な事実を投げ込んだのだ。グレタは、率直な意見をさらに促すのだろうか、それともこの幹部を黙らせるのだろうか?

グレタのこれから数分の行動は、コスト削減の取り組みに対する幹部たちの態度を決めるだけでなく、グレタに対する幹部たちの印象にも多大な影響を与える。これは、紛れもないクルーシャル・カンバセーションである。グレタは、自分が求めていた率直な意見を聞き入れるのか? それとも、自分の前にCEOを務めた人たちと同じように、言行の一致しない専制君主となるのか?

グレタは何を求めて行動しているのか?

やがてグレタに、あまり目につかないが、きわめて重要な変化が起きた。会議室にいる参加者の大半は気づかなかったが、その様子を最前列で見ていた筆者にはすぐにわかった。グレタは口を引き結ぶと、身を乗り出し、指の節が白くなるほどきつく演壇の左端を握りしめた。そして右手を振り上げ、弾丸を装填した銃を向けるかのように、質問者に指を突きつけた。グレタはまだ何も口にしてはいなかったが、何をしようとしているかは明らかだった。彼女の目的は、正しい選択をすることから、とても立派とは言えないものへと変わってしまった。

このような状況に置かれた大半の人と同じように、グレタはもはやコスト削減に目を向けてはいない。彼女は今や、この幹部を始めとするスタッフ削減に目を向けていた。

攻撃にさらされると、無意識のうちに突然、私たちの心が変わってしまうことがある。プレッシャーや強硬な意見に直面すると、共有認識のプールを広げるという目標を忘れ、相手に勝つ手段、相手を傷つける手段、あるいは言い争いを避ける手段を探そうとする。

相手に勝つ　これは、会話の障害となる要素の中でも最上位に位置する。私たちはこの致命的な感情を自然に身につける。実際、テレビ番組の半分は、スポーツやクイズで勝った人を称えている。また、幼い子供でも幼稚園に入って一〇分もすると、正しい答えを口にしていれば先生の注目を集められることを学ぶ。これは、同じクラスの子供たちを何らかの形で打ち負かすことを意味する。勝ちたいというこの欲求は、もの心がつく前から細胞に組み込まれている。

あいにく大半の人は、大人になっても、勝ちたいというこの欲求が絶えず健全な会話の障害になっていることに気づかない。問題を解決するという目的を持って話し合いを始めても、不確かな点を注意されたり反論されたりしたとたん、一瞬にして目的が変わってしまう。

まずは事実を正すところから始まる。細かい点についてとやかく言い、相手の主張の誤りを指摘する。

「違う！　調度品に一五万ドル近くも使っていない。それはオフィスの設計費用の額であって、調度品の額じゃない」

すると当然、質問者も自分が正しいことを証明しようとして言い返す。その結果、話し合いの目的は、誤りを正すことから、相手に勝つことに変わってしまう。

この簡単な主張が信じられないという人は、狭いトイレでにらみ合いを続けたあの幼い姉妹のことを思い出してほしい。最初の目的は実に単純明快である。用を足すというただそれだけのことだ。だが間もなく二人は、相手に勝つことばかりに気をとられ、不愉快な言葉の応酬を続けた。たとえそのために、トイレを我慢する苦痛が増したとしても。

相手を傷つける　ときには怒りが募ると、自分の主張を通したいという気持ちが、相手を傷つけたいという気持ちに変わる。グレタはどうだろう？　彼女は心の中でこう思う。「率直なコミュニケーションなんて知るものか！　公の場で私を攻撃したらどうなるか、あの能なしに教えてやる」。このように怒りが頂点に達すると、目的が完全にそれてしまう。共有認識のプールを広げることはもはや念頭になく、相手が苦しむ姿さえ見られればいいということになる。

「私を非難するなんて信じられない。立派なオフィスを建設しているのに、高額を浪費しているですって。さあ、ほかにまともな質問がなければ、会議を先へ進めましょう！」

すると、たちまち誰もがうつむき、口をつぐんでしまう。静寂が会議室を覆う。

言い争いを避ける　もちろん、私たちがいつも相手の主張の誤りを正したり、相手を攻撃して信用を傷つけたり、冷酷に相手を苦しめたりするとは限らない。ときには、会話よりも身の安全を選ぶ。共有認識のプールを広げようとすれば、波風を立てるおそれがある。それよりは黙っていたほうがいい。直前の言い争いを見てうんざりし、不愉快な思いをしそうな話し合いをするぐらいなら、たとえ悪い結果になってもそれを受け入れようと考える。実際、私たちは対立よりも良好な関係を優先する（少なくとも心の中では）。グレタの場合にそうなれば、誰も新たなオフィスに対する懸念を表明しようとしない。その結果、グレタは本当の問題が何であるかを知らないまま、幹部たちはコスト削減をぐずぐずと引き延ばすことになっただろう。

Awkward Performance Review（気まずい勤務評価）

著者の一人アル・スウィッツラーがおもしろい動画を紹介する。メラニーは間もなく、ある直属の部下に勤務評価を伝えなければならない。注意して対応しないと、会話の障害となるどんな目的が生まれてしまうだろう？

動画を視聴するには、www.CrucialConversations.com/exclusive へ。

第一に、本当に欲しいものに集中する

実際のところ、グレタは自分の立場を守りたいという荒れ狂う欲求に屈することはなかった。弾丸を装填したピストルのように指を突きつけた瞬間に手を下ろし、表情を緩めた。彼女は最初、驚き、困惑し、少し腹を立てているようにも見えた。しかし、深く息を吸ってからこう言った。「そうね。この問題について話をしないと。質問してくれてよかった。勇気を出して言ってくれてありがとう。私を信頼して言ってくれたことに感謝します」「すごい」。筆者は感心した。わずか数秒で彼女は、危険な凶器から、一緒に問題を解決しようとする仲間に変貌していた。

その後グレタはざっくばらんに語った。まず、コスト削減を口にしながら新たなオフィスの建設に資金を投じるのが、言行不一致に見えることを認めた。そして、そのプロジェクトにいくらかかるのか把握していないと言い、幹部の一人に見積もりを確認してくるよう命じた。彼女の説明によると、会社のイメージや顧客信頼度を高めるためにマーケティング部が新オフィスの建設を提案したため、それに応じる形でこのプロジェクトを始めたらしい。そのオフィスはグレタも使用する予定だが、主にマーケティング部の接待の場として利用されることになるという。「しかし私は」と彼女は言葉を継いだ。「あなた方にプロジェクトの管理を徹底するよう求めているのに、私自身がこのプロジェクトをしっかり管理していなかった。言行不一致だと思われても仕方がない」。やがて新オフィスの見積もりを確認した彼女は愕然とし、作業命令に署名する前に費用を確認しておくべきだったことを認めた。

続いて驚くほど率直な意見のやり取りがあり、会議に参加していたさまざまな人が、そのプロジェクトの妥当性について見解を述べた。結局参加者は、新オフィス建設プロジェクトは進めるが、コストを半分に削減できなければ取りやめることで合意した。

会社の幹部らがクルーシャル・カンバセーションに取り組んでいる間、話し合いについて研究している筆者は、まったく別のことを考えていた。グレタに何が起きたのだろう? 攻撃にさらされても、どうしてあれほど落ち着いていられたのだろう? もっと具体的に言えばこうなる。彼女は最初、質問者に仕返しをしたい、あるいは、質問者の面目をつぶしたいとさえ思ったに違いない。それなのに、一瞬にして気持ちを切り替え、誠実に意見を求めることができたのはなぜか？

会議後、筆者はグレタにそれを尋ねてみた。彼女の頭の中で一体何が起きていたのかを知りたかった。どのようにして困惑や怒りの気持ちを感謝の気持ちへと切り替えたのか？

グレタの答えはこうだった。「簡単です。最初は攻撃されたと感じ、攻撃し返してやろうかと思いました。正直に言えば、あの質問をした男性に身の程を思い知らせてやりたいと思いましたよ。公の場で私を非難したんです。それに彼の主張は間違っていましたから」

「でも」と彼女は言葉を継いだ。「そのときふと思ったんです。二〇〇人の四〇〇もの目が私に向けられていたときに、あるきわめて重要な疑問が頭をよぎりました。『私がこの場で本当に望んでいることは何？』」

この疑問が、グレタの思考に多大な影響を及ぼした。この重要な疑問に目を向けたおかげで、彼女は本来の目的にすぐさま気づいた。本来の目的は、目の前の二〇〇人の幹部がコスト削減を受け入れ、それに向けて数千人もの従業員を指導するよう促すことにある。

グレタはこの目的を見つめ直すことで、自分の言行が一致していないと部下に思われている点が最大の障害になっていることに気づいた。部下には犠牲を求めながら、自分は快適に仕事ができるよう資金を自由に使っていると思われていたのだ。それを知った瞬間、恥や怒りの感情が消え、感謝の気持ちが現れた。興味深いことに、グレタの目的が変わる（本来の目的に戻る）と同時に、質問者に対するグレタの見方も変わった。数秒前までは敵視していたのに、目的が変わった瞬間、質問者が味方に見えた。実際この質問者は、公の場で彼女にこの問題に対処させることで、会議の参加者を納得させる最大のチャンスを提供してくれた。そう考えたからこそ彼女は、会話を始めることができた。

つまりグレタが教えてくれたのは、こういうことだ。重要な疑問を自分に問いかけてみるという単純かつささいな行為が、本音（本来の目的）にもう一度目を向けるのに多大な効果を発揮する。

本来の目的に立ち返る　それでは、私たちが直面するかもしれない状況に話を移そう。たとえば、重要な問題についてまったく意見が合わない人と話をしているとする。この場合、上記の事柄をどうあてはめればいいのか？　まずは、話し合いを始める際に、自分の目的を確認しよう。自分が心から何を望んでいるかを自分に問いかけるのだ。

話し合いが進み、自分が上司の意見に唯々諾々と従ったり、夫や妻の意見を無視したりするようになったら、自分の目的がどうなっているかに注意を向けよう。面目を保つ、恥ずかしい思いをしない、相手に勝つ、自分の正当性を主張する、相手を傷つける、こうしたことが目的になっていないか？　ここは判断が難しいところだ。目的は普通、意識しないうちに変わる。アドレナリンが思考を支配するようになると、本来の目的は押し流されてしまう。

会話が可能な目的に立ち返るには、その場のやり取りから一歩身を引き、部外者の視点で自分を見つめる必要がある。自分にこう問いかけてみるといい。「私は今、何をしているのか？　よくよく考えてみると、その行為をどんな目的で行っているのか？」。本来の目的を見つける誠実な努力をすれば、こんな結論を下せるようになる。「どうやら強引に進めすぎているようだ。こちらの言い分に必要以上にこだわり、相手に勝つためには何でもしようとしている。休暇の旅行先を決めようとしているのに、言い争いで相手に勝とうとしていた」

変わりゆく心の欲求に疑問を投げかければ、それを意識的に変えられるようになる。「自分が本当に望んでいるのは、みんなが楽しめる旅行先を決めることであって、自分の提案を家族に受け入れさせることではない」。つまり、自分が偽りの目的を目指していることに気づけば、それをやめられる。

しかし、どうすればいいのか？　自分の心の中で何が起きているかに気づき、偽りの目的から離れ、本来の目的に目を向けるには、どうすればいいだろう？　その答えは、グレタの行動にある。立ち止まって、会話に戻れるような疑問を自分に問いかければいい。会話から逸脱していることに気づいたとき、あるいは、クルーシャル・カンバセーションに取り組む前の注意事項として、以下の疑問を自分に問いかけてみてほしい。

私が自分に心から望んでいることは何か？
私がほかの人に心から望んでいることは何か？
私が心から望んでいるのはどんな関係か？

自分の本当の望みを心に問いかけたら、同じように効果のあるもう一つの疑問についても考えてみてほしい。

心から望む結果を手に入れるために、どう行動すればいいか？

話し合いがどこに向かっているかを知る　こうした疑問を自分に問いかけるよう勧める理由は二つある。第一に、自分が心から望むものに気づけば、それが話し合いの進路を示す目印になる。話し合いを間違った進路に導く要因は三つある。（一）けんかを仕掛けてくる人々、（二）数千年の時間を経て形成された、感情を一気に沸騰させる遺伝子の構成、（三）人間の心に深く染み込んだ相手に勝とうとする習性、である。だが、こうした目印があれば、本来の目的に立ち返ることができる。

「私が心から望んでいることは何か？」そうだ。それは相手を苦しめることでも、大勢の前で気取ることでもない。私はむしろ、コスト削減を進めるためにどうすればいいのか、参加者全員が率直かつ自由に話してくれることを望んでいる」

自分の体をコントロールする　自分が本当に望んでいることを心に問いかける第二の理由も、第一の理由に劣らず重要だ。自分の本当の望みを確認すると、体の生理機能がその影響を受ける。複雑で抽象的な疑問を思い浮かべると、自分は今、肉体的な脅威に対処しているのではなく、込み入った社会的問題に対処しているのだと、脳の問題解決を担当する部位が認識する。脳にこうした難しい問題を提示すると、人間の体は、逃走や格闘に役立つ体の部位から思考に使う脳の部位に貴重な血液を回すようになる。

自分が本当に望んでいることを心に問いかければ、二つの重要な目的を果たせる。第一に、本来の目的を思い出せる。第二に、脳に血液を補給し、本来の目的に集中し続けることが可能になる。

第二に、「愚かな選択」をしない

本当に欲しいものに集中するためのツールをもう一つ紹介したい。ここでも実例から説明を始めよう。

ボーモント高校の教員が放課後に会議を開き、カリキュラムの変更について議論している。会議はすでに何時間も続いており、ようやく理科の教員が変更案を提示する順番が来た。

　ボーモント高校に三三年間も勤めている化学教師のロイスは、自分をこの高校の指導的立場にある長老だと考えている。授業では中性子や電子よりも戦争の話ばかりしているのだが、ベテランなので経営陣も見て見ぬふりをしている。

　校長が発表を促すと、ロイスは咳払いをしてから、カリキュラム開発と戦闘の準備との類似点についてとりとめのない話を始めた。そのおふざけに、聞いている教員たちは笑いを抑えきれず、静かに肩を揺らしていた。

　その次は、新人教員のブレントの番だった。ブレントは数週間前に、理科教員が提案するカリキュラム変更について概要を説明するよう校長から依頼されていた。そのため同僚の理科教員（ロイスも含む）から話を聞き、提案をまとめ、発表する準備を整えていた。

　ブレントが発表を始めると、ロイスがものさしを銃剣に見立て、銃剣による攻撃のデモンストレーションを始めた。ブレントはやがてそれに耐えられなくなり、テーブルに拳をたたきつけて怒鳴った。「この生きた化石のような男に話す機会まで与える理由がわからないのは、ぼくだけですか？　薬でも飲み忘れたからこうなんですか？」

　参加者全員があぜんとしてブレントを見つめた。ブレントは、同僚から正気の沙汰ではないと思われるに違いないと自覚しながら、誰もが嫌になるような暴言を吐いた。「おい、そんなふうにぼくを見るな！　本当のことを話す勇気があるのは、ぼくだけだ」

なんとお粗末なやり方だろう。ブレントは公の場でロイスを非難し、謝罪するでもなく、そのまま消えてしまうでもなく、自分の行動はむしろ立派だったと弁明したのだ。

前の章でケビンの例を挙げて説明したように、私たちはアドレナリンの影響を受けると、選択肢が必要以上に制限されているような気になる。率直に意見を言うか円満な関係を維持するかのどちらかを選ばざるを得ないと思い込む。頭が十分に働かない状況では、この両方を実現するという選択肢は、頭に浮かびさえしない。

だからこそクルーシャル・カンバセーションに長けた人たちは、難しい疑問を脳に問いかける。彼らはいつもこう考える。「私は自分に何を望んでいるのか？　相手に何を望んでいるのか？　そして相手との間にどんな関係を望んでいるのか？」

感情的になったときにこの疑問を自分に問いかける練習をしていると、当初はそれに抵抗を感じる。脳は、適切に機能していないときには複雑な問題を拒否しようとする。それよりもむしろ、攻撃するか逃げるかの簡単な二者択一を好み、そのほうが好印象を与えられるとさえ思い込んでしまう。「申し訳ないが、自分に正直であろうとすれば、この人物のイメージを壊すしかなかった。うまいやり方ではなかったが、正しいことをした」というわけだ。

だが幸い、「愚かな選択」を避けようとして、脳に複雑な問題の解決を要請すれば、たいてい脳はそれに応えてくれる。自分の懸念を伝え、ほかの人の懸念に真摯に耳を傾け、円満な関係を築きあげる——そのすべてを同時に行う方法があることに気づく。それが、これまでの生活を一変させてくれるかもしれない。

二つの条件を組み合わせた疑問文を組み立てる

会話の達人たちは、新たな選択肢を提示することで「愚かな選択」を避ける。そのために、より難しい疑問を自分に投げかける。二者択一の選択肢のどちらを選ぶかという疑問ではなく、その両方を実現するにはどうすればいいかという疑問である（こうした疑問は絶滅危惧種のようなもので、なかなか頭に上らないが、きわめて重要な問いかけである）。

その疑問文の組み立て方を以下に説明しよう。

一、**自分が心から望んでいることを明確にする**　すでに自分の「本音を探って」いたのなら、それでいい。自分に何を望んでいるのか、相手に何を望んでいるのか、相手との間にどんな関係を望んでいるのかがわかっていれば、「愚かな選択」から逃れる準備はできている。

「私が望んでいるのは、夫がもっと信頼できる人間になってくれることだ。きちんと約束したのに絶えずがっかりさせられる現状にうんざりしている」

二、**自分が心から望んでいないことを明確にする**　これが、会話の達人が自分に投げかける疑問を考える鍵となる。相手に勝つか円満な関係を維持するかという現在の戦略をやめると、どんなことが起こるおそれがあるかを考えてみよう。強引な押しつけをやめることで、あるいは、逃げようとするのをやめることで、どんな悪いことが起こるだろう? いいかげんな態度を演じるのが現実的かつ魅力的に見えるのは、どんな恐ろしい結果が待っているからなのか?

「私が望んでいないのは、無益な言い争いを重ねた結果、何の変化も見られず、かえってマイナスの感情が生まれてしまうことだ」

三、それらを組み合わせた疑問文を脳に投げかける　最後に、上記二つを組み合わせた疑問文を生み出し、暴力や沈黙よりも創造的で生産的な選択肢を探すよう脳に働きかける。

「信頼できる夫になってくれるよう夫と率直な会話をすると同時に、マイナスの感情を抱いたり時間を無駄にしたりしないようにするには、どうすればいいか?」

「愚かな選択」に行き詰まっているときにこの疑問文に出会うと、人間は興味深い反応を示す。思索的な顔になり、目を大きく見開き、思考を始める。そして驚くべきことに、「両方を達成する方法があるのではないか?」と自分に問いかけると、たいていはその可能性が十分にあることに気づく。

同僚を侮辱したり傷つけたりしないで、こちらの懸念を伝えるにはどうすればいいのか?

隣人の迷惑行為を、独りよがりだとか不当だと思われないように指摘する方法があるのか?

お金の使い方について、夫や妻や恋人と言い争いにならないように話をするにはどうすればいいのか?

そんなことが本当にできるのか?

中には、こうした考え方はばかばかしいほど非現実的だと思う人もいる。そういう人は、「愚かな選択」は誤りではなく、不幸な現実の反映に過ぎないと言う。

「間もなく行われる措置について上司に何も言えない。言えば仕事を犠牲にすることになる」

しかし、そう考える人たちに筆者は言いたい。ケビンを思い出せ、と。ケビンを含め、筆者が研究してきたオピニオンリーダーはみな、敬意を払いながら率直な意見を述べる方法を知っている。ケビンが何をしているか、自分が何をしなければならないのかがわからなかったとしても、ケビンのような人間が存在することは否定できない。彼らには、共有認識のプールを広げ、なおかつ円満な関係を維持できる第三の選択肢がある。

筆者が企業で研修会を開き、「愚かな選択」以外の選択肢があると指摘すると、必ず誰かがこう言う。「ほかの企業では、正直に話をすれば聞き入れてもらえるかもしれないが、ここでそんなことをしたら、どんな目にあうか！」。あるいはこう言う人もいる。「この会社で生き残りたいのなら、あきらめるタイミングを知らないといけない」。すると、大勢がこうした意見にうなずき、「そのとおりだ！」とか「そうだそうだ！」と言う。

筆者は当初、会話ができない場所があるのかもしれないと思った。だがやがて、そんなわけではないことを知った。「難しい話し合いの場面で、円満な関係を維持したまま問題を解決できる人がこの会社には誰もいないのですか？」と尋ねると、たいていはいるのだ。

まとめ――本音を探る

会話に長けた人は、難しい状況になったときでも、以下のような方法で本来の目的に集中し続ける。

まず自己の改善。周囲はその次

・自分が直接コントロールできるのは自分だけだということを思い出す。

本当に欲しいものに集中する

- 沈黙や暴力に頼ろうとしているときは、そこで立ち止まり、本来の目的に目を向ける。
- 自分にこう問いかける。「その行為をどんな目的で行っているのか？」
- 次いで、自分が心から望んでいることを明確にするため、自分にこう尋ねる。「私は自分に何を望んでいるのか？　相手に何を望んでいるのか？　相手との間にどんな関係を望んでいるのか？」
- 最後にこう問いかける。「心から望む結果を手に入れるために、どう行動すればいいか？」

「愚かな選択」をしない

- 自分の望みを考えるときに、「愚かな選択」に惑わされないよう気をつける。
- 率直な意見を述べるか円満な関係を維持するか、勝つか負けるかなどの二者択一しかないと思い込んでいないか注意する。
- そのどちらも達成できる方法を探し、「愚かな選択」を避ける。
- 自分が望まないことを明らかにし、自分が望むことと望まないことを組み合わせ、会話につながる健全な選択肢を探すよう脳に働きかける。

4 観察する
——安全性が損なわれていることに気づくには

私は悪党を大勢知っている。だが、自分は悪党だと自覚している人には会ったことがない。自己認識は誰にでもできるものではない。

——ウィーダ

本章は、クルーシャル・カンバセーションに失敗した事例から始めよう。あなたは自分の監督下にある人たちと、たった今白熱した議論を終えたところだ。自分が担当する新製品のスケジュールに関する会議は、当たり障りのない話し合いから始まったが、やがて不愉快な言い争いの場と化した。一時間も不満や文句を言い合い、あなたのチームはバラバラになってしまう。

あなたは今、その会議で何が起きたのかと考えながら廊下を歩いている。わずか数分で、無害な話し合いがクルーシャル・カンバセーションに変わり、その対処に失敗してしまったのだが、あなたにはその理由がわからない。自分の見解を少々（いや、かなり）無理強いしすぎたときに、緊迫した瞬間があったのは覚えている。あなたが鶏の頭をかみちぎりでもしたかのように、八人の部下があなたをじっと見つめた。だがやがて会議は終わってしまった。

あなたは気づいていないが、部下の二人が会議の話をしながら、向こうからこちらへ廊下を歩いてくる。二人は、会議で何が起きたのかを知っている。

「まただ。ボスが自分にかかわる議題で無理強いを始めたから、こちらはみな守りの態勢に入ってしまった。おれたち全員が同時にあぜんとしたときには、おまえも気づいただろう？　もちろん、ボスと同じようにおれも悪かった。勝手な決めつけで話をし、おれの意見を裏づける事実を言うだけで、おかしな主張を羅列して終わってしまった。ちょっと感情的になりすぎた」

後日、あなたは部下と会議について話をする機会があり、そこで何が起きたのかを教えられた。あなたはその場にいたのに、どういうわけかそれに気づかなかったのだ。

部下は言う。「あなたは話し合いの内容にばかりとらわれていたんですよ。製品のスケジュールのことを気にかけるあまり、話し合いの状況にまで気がまわらなかった。状況というのはつまり、会議の参加者がどう感じ、どう行動しているか、どんな態度を取っているか、といったことです」

「きみは、あんな激しい話し合いをしながら、そんなところまで見ていたのか?」

部下は答えて言った。「ええ、私はいつも二つの点に注意しています。事態が悪いほうに向かい始めたら、話し合いの内容(議論されている話題)とともに、話し合いの状況(その事態に参加者がどう反応しているか)に目を向けます。何となぜの両方を探し、吟味するわけです。参加者が腹を立てている理由、意見を言わない理由、沈黙している理由がわかれば、話し合いを正しい方向に戻すこともできます」

「『状況』を見ていれば、正しい方向に戻すためにどうすればいいかわかると?」

「場合によりけりです。でも、何を観察すべきかは知っておいたほうがいいと思います」

「応急処置みたいなものだな。話し合いが悪いほうに向かい始めた瞬間に気をつけていれば、すぐに対応できる。会話になっていないことに気づくのが早いほど、正しい方向へ戻すのが簡単になり、その影響も小さくなる」

部下が言葉を継いだ。「残念ながら、気づくのに時間がかかれば、当然正しい方向へ戻すのも難しくなり、その影響も大きくなります」

そのアドバイスは、言うまでもなく明らかなことだった。だがあなたは、それを考えたこともなかった。ところが不思議なことに、部下はそれを考えていた。事実この部下は、クルーシャル・カンバセーションの間に起きたことを的確に物語ることができた。あなたとは違う世界の住人のように。

状況に気を配る

実際のところ大半の人には、「内容」と、「状況」とに同時に気を配る二重情報処理は難しい。重要な結果や強い感情が伴う場合はなおさらだ。何を言おうかということばかり気にかけていると、議論から一歩身を引き、自分やほかの人に何が起きているかを確認するのは不可能に近い。事態の展開に驚き、「うわっ、まずいことになってきた。どうしよう?」と思ったとしても、事態を好転させるために何を観察すべきかわからないかもしれない。何が起きているかが十分にわからない場合もある。

どうしてそうなるのか? 激しい言い争いのさなかにありながら、何が起きているのかわからないのはなぜなのか? 比喩を使って説明しよう。それは、ベテランの釣り師と一緒に初めてフライフィッシングをするようなものだ。釣り師は、「すぐそこにいる」マスの二メートル上流に毛針を投げ込めと、あなたに繰り返し言う。だがあなたには、「すぐそこにいる」というマスが見えない。釣り師にそれが見えるのは、何を観察すべきか知っているからだ。あなたもそれを知っていると思っている。マスを探せばいいのだと。だが実際に探さなければならないのは、日差しを反射してきらめく川面の下を泳ぐマスの姿だ。それは、父親がはく製にして暖炉の上に飾っていたマスとは違う。何を観察すべきかを知り、実際にそれを見つけるには、知識と訓練が必要だ。

では、クルーシャル・カンバセーションに追い込まれたとき、何を観察すればいいのか？　手がつけられなくなる前に問題に気づくために、何を確認する必要があるのか？　このような場合に目を向けるべきものには、以下の三つがある。話し合いがクルーシャル・カンバセーションになる瞬間、参加者が安全を感じていないことを示すサイン（沈黙や暴力）、そして自分の「ストレス下のスタイル」である。話し合いを台なしにするこの三つの要素について、一つずつ順に説明していこう。

クルーシャル・カンバセーションを見つける

まず、いつもの当たり障りのない話がクルーシャル・カンバセーションに変わる瞬間には常に注意しよう。難しい話し合いになることがわかっている場合も同様に、自分が危険区域に入ろうとしていることを常に心に留めておこう。さもないと、何が起きたか気づく間もなく、愚かでいいかげんな態度にあっさりと陥ってしまう。また、先に述べたように、本筋から遠くそれてしまえば、戻るのが難しくなり、その影響も大きくなる。

問題を早く見つけるには、自分がクルーシャル・カンバセーションに巻き込まれていることを示すサインに注意を払うようにするといい。このサインは、人によって三種類に分けられる。第一に、肉体的なサインを示す人がいる。こうした人は、クルーシャル・カンバセーションに巻き込まれると、胸が締めつけられるように感じたり、目が乾いたりする。話し合いがこじれたときに、自分の体がどうなるか考えてみてほしい。一人ひとり反応はわずかに異なる。あなたの場合、どんな反応が手がかりになるか？　どんな反応でもいい。それを、問題が手に負えなくなる前に一歩身を引き、気分を落ち着かせ、「本音を探る」ためのサインだと考えるようにしよう。

第二に、肉体的なサインを示す前に感情的なサインを示す人がいる。怯える、困る、腹を立てるといった感情を、あらわにしたり抑えたりしようとする。こうした感情もまた、一歩身を引き、気分を落ち着かせ、頭脳を回復させるための対策を取るよう知らせる大切な手がかりになる。

第三に、まず行動に表れる人がいる。こうした人は、無意識のうちに行動してしまう。声を荒らげたり、ピストルを構えるように指を突きつけたり、黙り込んでしまったりしたあとになって初めて、自分の感情に気がつく。

ここでしばらく時間を取って、これまで経験したクルーシャル・カンバセーションについて考えてみてほしい。頭が働かなくなりかけたとき、話し合いが健全な会話からそれようとしているとき、それに気づくためにどんな手がかりが使えるだろうか？

安全性の問題に目を向ける

言い争いの悪循環に巻き込まれ、もはやあと戻りできなくなってしまう前に、クルーシャル・カンバセーションに入ったことを示すサインに気づいたとしよう。その瞬間から、「内容」と「状況」の二重情報処理を行うことが大切だ。しかし、具体的に何に注意すればいいのだろう？　会話に長けた人は、絶えず安全性に目を光らせている。内容に注意を払うと同時に（当然のことだ）、参加者が恐れを抱いているかどうかを示すサインにも目を向ける。友人や恋人、夫や妻、同僚が健全な会話（共有認識のプールを自由に広げられる会話）からそれ、自分の意見を強要したり、自分の考えを述べないで黙り込んだりしたとしよう。このような場合、会話に長けた人ならすぐに、相手が安全を感じているかどうかに注意を向ける。

安全であれば何でも言える　コミュニケーションに長けた人が安全性を重視するのはなぜか？　それは、会話には認識の自由な流れが必要だからだ。恐れほど、認識の流れの障害になるものはない。相手が自分の考えを受け入れてくれないのではないかと恐れるからこそ、無理強いをする。何らかの形で傷つくのではないかと恐れるからこそ、意見を控えたり隠したりする。言い争うのも逃げるのも、同じ恐れという感情に起因している。だが、安心できる状況であれば、何でも話すことができ、相手もそれに耳を傾けてくれる。攻撃されたり侮辱されたりする恐れがなければ、あらゆる意見に耳を傾けることができ、守りの態勢に入る必要がない。

これはきわめて重要なポイントだ。さらに深く考えてみよう。筆者の見解では、こちらが言う話だけで、相手が守りの態勢に入ることはまずない。相手が守りの態勢に入るのは、もはや安全だと感じられないときだけだ。つまり問題となるのは、メッセージの内容ではなく、話し合いの状況なのである。先にも述べたように、私たちは幼いころから、正直な気持ちと敬意は両立しないと考えるようになる。つまり、人によっては言えないことがあると思い込む。成長するにつれて、この言えないことはどんどん増えていく。その結果、きわめて重要なクルーシャル・カンバセーションに適切に対処できなくなる。筆者の主張が正しければ、問題はメッセージそのものにはない。むしろ、メッセージを聞かせる相手に、安全だと感じさせられない点にある。そのため、相手が安全ではないと感じ始めたことに気づけるようになれば、それに対処する行動も取れる。つまり、安全性が損なわれていることに気づき、それを理解することが最初の課題になる。

あなた自身の経験を思い返してほしい。人生のどこかで、誰かから辛辣な意見を言われたことがあったのではないだろうか？　そのときあなたは、守りの態勢に入ることなく、その意見について考え、理解し、素直に受け入れただろうか？　もしそうなら、その理由を考えてみてほしい。そのときはなぜ、自分の身を脅かしかねない意見を素直に受け入れることができたのか？　おそらく、相手があなたのためを考えて言ってくれたと思えたのだ。あるいは、相手の意見に敬意を表したのかもしれない。いずれにせよ、相手の動機や能力を信用していたからこそ、そんな意見を言われても安心し、恐れを感じなかったのだろう。たとえ意に沿わないことを言われたとしても、身を守る必要がなかったのだ。

逆に、安全を感じられないと、どんな意見も受け入れられなくなる。それは、共有認識のプールがふさがれてしまうようなものだ。「すてきですって？　どういう意味？　ふざけないで。ばかにしてるの？」。安全を感じられなければ、善意から出た言葉も疑われてしまう。

安全でなければ何も見えなくなる　安全性が損なわれていないか注意深く観察していると、会話が危機に直面しているときがわかるだけでなく、頭を活性化することもできる。前述したように、感情が高まり始めると、脳の主要な機能が働かなくなる。すると、逃げる準備に集中し、周辺視野が一気に狭まってしまう。実際、心底怯えているときには、すぐ目の前のもの以外ほとんど目に入らなくなる。

だが、言い争いから身を引き、安全性が損なわれているサインに目を向けると、脳が活性化され、視野が完全に戻る。前述したように、脳に新たな問題を与えて考えさせると（安全性が損なわれているサインに気をつけていると）、脳が再び機能し始める。その結果、高次思考中枢の活動が活発化し、愚かな選択をする可能性が大幅に低くなり、クルーシャル・カンバセーションに成功する可能性が大幅に高くなる。

衝動に駆られて道を誤ってはいけない　ここで一つ注意点を述べておこう。相手は安全でないと感じると、こちらを悩ませるような行動に出る。そんなときにはこう考えなければならない。「おっと、向こうは恐れを抱いている。どうにかして安心させないと」。だがそれは理想の話だ。あいにく相手は、安心できないとなると、彼らなりのやり方でこちらをからかったり、侮辱したり、面食らわせたりしようとする。このような攻撃的態度に、こちらが巧みな話術で対応できるとは限らない。相手の攻撃を、安全性が損なわれているサインとは考えず、それをそのまま「攻撃されている！」と受け取るかもしれない。すると脳は動作不良のまま作動し、相手と同じやり方でそれに対処するか、逃げようとする。どちらにしても、もはや二重情報処理をしておらず、安全性を回復するスキルを発揮してもいない。むしろ言い争いに加わり、問題の一端を担おうとしている。

だから、以下のことを忘れないでほしい。沈黙や暴力に直面したら、同じやり方で仕返ししたいという自然な衝動を抑え、それを相手が恐れを感じているサインと見なそう。生まれてから数年の間に身につけた習慣、あるいは悠久の歴史の中で形成された遺伝子は、攻撃されれば逃げるか戦うかするよう促してくる。それに抵抗し、沈黙や暴力を「ああ、あれは相手が恐れを感じているサインだ」と考えよう。そのサインをとらえたら、あとは相手を安心させる行動を取ればいい。

これは、誰が見ても難しい作業だろう。しかしそうする価値はある。このスキルは、これ以降に使うあらゆるスキルの支点になる。また、クルーシャル・カンバセーションに長けた人が受け取っているあらゆるメリットを手に入れるための足がかりになる。このスキルを駆使して影響力を高め、関係を深め、チームを強化し、リーダーシップを発揮する自分を想像してみてほしい。安全性の問題に気づき、それに対処する能力を発揮できれば、それを実現できる。

具体的にどう対処すればいいかは、次章で説明しよう。今のところは、安全性に気を配り、腹を立てたり怯えたりするのではなく、常にサインを見逃さないようにすべきことを知っておいてもらえればいい。

沈黙と暴力

恐れを感じると、人間は二つの不健全な道のどちらかへ向かう。沈黙する（共有認識のプールに自分の考えや気持ちを追加しようとしない）か、暴力に訴える（共有認識のプールに自分の考えや気持ちを強引に押し込もうとする）かだ。ここまではすでに述べた。だが、この点についてもう少し詳しく説明しておこう。何を観察すべきかが多少でもわかっていれば、ぼんやりとしか見えない水の中にマスを見つけることができる。それと同じように、沈黙や暴力の一般的な形態を多少なりとも知っておけば、安全性の問題が起きたときに、それに気づきやすくなる。すると、その悪影響が大きくなりすぎる前に、一歩身を引き、安全性を回復し、会話を軌道に戻すことができるようになる。

沈黙

沈黙とは、共有認識のプールにわざと情報を提供しない行為を指す。悪い結果を招きそうな問題を避ける手段としてよく使われ、どんな場合でも認識の自由な流れを妨げる。その方法は、言葉をにごす、相手を完全に避けるなどさまざまだが、もっともよく見られるのは、覆い隠す、避ける、話をやめる、の三形態である。

●覆い隠す　**本音を控えめに言ったり、もってまわった言い方で表現したりすることを指す。一般的には、皮肉や嫌みを言う、体裁よく見せる、遠まわしに言うなどの形を取る。**

「きみのアイデアは、その、すばらしいと思う。うん、そう。ただ、ほかの人たちがこの微妙なニュアンスをわかってくれるかな。時代を先取りしたアイデアは、どうしてもね、多少は抵抗を受けるものだから」

本当の意味　あなたのアイデアは常軌を逸しており、誰もそれを受け入れようとはしないだろう。

「ああ、それなら魔法みたいに効果てきめんだ。六セント値引きすれば、安い石鹸を求めて街中の人がやって来るだろうね。どこでそんなアイデアを思いついた？」

本当の意味　くだらないアイデアだ。

●避ける　デリケートな話題から遠ざかることを指す。話はするが、肝心の問題に対処しない場合も含まれる。

「この新しいスーツはどうかって？　青はぼくのお気に入りの色だよ」

本当の意味　どういうつもりだ？　サーカスでその服を買ったのか？

「コスト削減のアイデアですが、コーヒーを薄めたらどうでしょう？　あるいはコピー用紙を両面使うとか」

本当の意味　つまらない提案をしていれば、無能なスタッフのリストラといったデリケートな話題は避けられるかもしれない。

●話をやめる　話し合いから完全に手を引くことを指す。話し合いを打ち切る場合もあれば、部屋から出ていってしまう場合もある。

「すみませんが、電話がかかってきましたので」

本当の意味　無駄な会議にこれ以上時間を使うぐらいなら、この腕をかみ切ったほうがいい。

「悪いけど、二度と電話料金の分担について話をするつもりはないよ。また言い争いになったら、このまま仲よくしていられるかどうか分からないからな」（その場を去る）

本当の意味　どんなにささいな話題でも、言い争いにならずにはすまない。

暴力

暴力とは、言葉で相手を圧倒したり、支配したり、相手に自分の意見を押しつけたりする行為を指す。共有認識のプールに自分の考えや気持ちを無理やり押し込み、安心して話ができない状態にしてしまう。その方法は、中傷する、話を独占する、脅しをかけるなどさまざまだが、もっともよく見られるのは、支配する、レッテルを貼る、攻撃する、の三形態である。

●支配する　自分の考え方を相手に強要することを指す。自分の意見を相手に押しつけたり、話の主導権を握ったりする形で行われる。相手の言葉を遮る、自分の意見に関する事実を誇張する、勝手な決めつけで話をする、話題を変える、特定の方向へ導くような質問をして議論を操作する、などの方法がある。

「これを買っていない人なんてどこにもいない。これほどお得なものはないよ」

本当の意味　二人で苦労して貯めたお金をこんな高価なおもちゃに使うなんて、どんな言い訳も成り立たない。でもどうしても欲しい。

「あの会社の製品を試したが、まったく使いものにならない代物だった。あの会社が予定の納期を守らず、この世で最悪の顧客サービスを提供していることは周知の事実だ」

本当の意味　実際はどうか知らないが、注目してもらえるように誇張した表現を使おう。

●レッテルを貼る　相手やそのアイデアにレッテルを貼り、一般的な固定観念や分類に組み込んで、その価値をおとしめることを指す。

「きみのアイデアは旧石器時代のものだ。道理をわきまえた人なら、誰でも私の計画に従うよ」

本当の意味　自分の主張を正当化できないので、思いどおりに話を進めるために相手を個人的に攻撃しよう。

「あいつらの言うことを聞くつもりじゃないだろうな？　頼むよ。あいつらは本部の人間だ。しかもエンジニアだ。これ以上言わなくてもわかるだろ？」

本当の意味　本部の人間やエンジニアはみな間違っていることにしておけば、もう何も説明する必要はないだろう。

●攻撃する　これはそのままの意味である。議論に勝つ、相手を傷つけるなどの形を取る。相手をけなす、脅すなどの方法がある。

「そんなくだらないばかげたアイデア、どうなるか試しにやってみたらいい」

本当の意味　悪口を言い、相手を傷つけるおそれがあったとしても、自分の思いどおりにしよう。

「ジムの言うことを聞くな。ジム、きみにはすまないが、私にはよくわかっている。きみはほかの迷惑など考えず、自分のチームに有利になるよう事を運ぼうとしている。以前にもそんなことがあったな。きみは実に卑しい男だ。違うか？　こんなことを言って申し訳ないが、誰かが勇気を出して本当のことを言わないとな」

本当の意味　話を思いどおりに進めるために、相手をけなし、誠実にものが言えるのは自分だけだというふりをしよう。

自分の「ストレス下のスタイル」を見つける

これまでに学んだことをまとめてみよう。話の内容と状況の双方に気を配る。話し合いがクルーシャル・カンバセーションに変わる瞬間には特に注意を払う。その重要な瞬間に気づけるように、安全性が損なわれているサインに目を向ける。安全性が損なわれれば、沈黙や暴力がさまざまな形を取って表れる。ところで、それだけで十分だろうか？　目を向けるべきものはそれだけなのか？

いや、それだけではない。必死に内容と状況の二重情報処理をしているときに、じっと目を向けていなければならないもう一つのもの、それは自分の行動だ。実は、これに目を向けるのがいちばん難しい。ほとんどの人は、目の前の議論からなかなか離れることができない。そこへ相手が、あらゆる手を尽くして問題を持ち出してくる。こちらは、そんな相手の行動にじっと目を向けていなければならない。そんな状況では、自分の行動に注意を払うことがおろそかになってしまうのも無理はない。そもそも私たち人間は、自分の体から脱け出して自分を観察することなどできない。自分の姿など見えないのだ。

自分で自分を監視するのは難しい　実際のところ、どんな人でも自分の行動に目を向けられなくなることはある。ある考えや信念に夢中になると、社会的感性が失われ、自分が何をしているかわからなくなってしまう。その結果、自分のやり方を押し通そうとしたり、口にすべきでないことを言ってしまったりする。あるいは、黙り込んで相手を困らせたり、何の役にも立たないことをしたりする。すべては思い込みや信念のためだ。そしてしまいには、ユーモア作家ジャック・ハンディの笑い話に登場する人物のようになってしまう。それはこんな男だ。

近所の住民がいつも、このブロックに住んでいるある男の話をし、嫌なやつだと言っていた。そこで、実際に本人に会ってみることにした。その男の家を訪ねると、出てきた男は、その嫌なやつとは自分のことではない、向こうのあの家に住んでいる男だと言う。私はこう言ってやった。「違うよ、ばかにするな。あれは私の家だ」

あいにく、自分の行動に目を向けられないと、実に愚かな行動を取ってしまうことがある。たとえば、こんな具合だ。妻が、自動車整備工場で一時間以上待ちぼうけを食わされたと夫を責める。夫はちょっとした誤解があっただけだと言い、「そんなに怒ることないだろ！」と叫ぶ。

すると妻は、よく耳にするあの言葉を口にする。「怒ってなんかない！」

もちろん妻は、否定の言葉を吐きながら、つばをまき散らしている。額の静脈は、子どものニシキヘビほどの太さに膨れあがっている。それでも妻は当然ながら、自分の返事が行動と矛盾していることに気づかない。口論に夢中になるあまり、夫から笑われても、少しも自分の行動を正しく認識できない。

また、「どうしたの?」という質問に何気なく答えたつもりが、言葉と行動がまるで一致していないこともある。

「何でもない」と言いながら、その声は哀れっぽく、うつむきながら力なく歩く姿は、傷ついているように見える。

自分で自分を注意深く監視する

言い争いから一歩身を引き、話の進行状況に目を向けられるようにするには、どうすればいいのだろうか? そのためには、自分で自分を注意深く監視しなければならない。それはつまり、自分の行動やそれが与える影響に細心の注意を払い、必要があれば自分の戦略を改めろということだ。とりわけ気をつけなければならないのは、自分が安全性によい影響を与えているか悪い影響を与えているかということだ。

「ストレス下のスタイル」テスト

あなたはクルーシャル・カンバセーションに直面した際、どんな行動を取るタイプの人間なのか？　自分に対する認識を深めたければ、自分の「ストレス下のスタイル」を調べてみるといい。ただのおしゃべりが口論になったとき、あなたはどんな行動に出るだろう？　それを知るために、以下のページに掲載した質問事項に答えてみよう（採点の手間を省きたい方は、www.crucialconversations.com/exclusiveにアクセスを）。これで、クルーシャル・カンバセーションに直面したときに、あなたが主にどんな戦術を取るかがわかる。また、本書のどの部分がいちばん自分の役に立つか判定することもできる。

テストの説明　以下の質問は、クルーシャル・カンバセーションのさなかに、あなたが主にどのような対応をするかを調べるためのものだ。質問に答える前に、職場や家庭での具体的な人間関係を思い浮かべてほしい。そして、その人間関係の中で、ふだんどのようにリスクを伴う話し合いをしているかを考えながら、以下の各項目に答えてほしい。

（1）相性の悪い人と接することになるかもしれない状況を避けることがある。

〔あなたの対応〕　○　×

（2）相手とかかわりたくないという理由で、折り返しの電話やメールの返信を遅らせたことがある。　○　×

（3）厄介な問題や対処の難しい問題を持ち出されると、話題を変えようとすることがある。　○　×

（4）対処の難しい問題やストレスを伴うテーマを扱う場合、包み隠さず率直な意見を言うのを控えてしまうことがある。　○　×

（5）不満を相手に伝える際、考えていることをそのまま言うのではなく、ジョークや皮肉を言ったり、遠回しな言い方をしたりすることがある。　○　×

（6）難しい問題が持ち上がったときに、自分の身を守るために、根拠のないほめ言葉

や心にもないお世辞を言うことがある。　○　×

(7)自分の主張を通すため、その根拠を誇張して伝えることがある。　○　×

(8)話し合いの主導権を失いそうなとき、相手の話を遮ったり話題を変えたりして、話を自分の望む方向へ持っていこうとする場合がある。　○　×

(9)相手の意見をばかばかしく思うと、そうした思いをはばかることなく口にしてしまうことがある。　○　×

(10)相手の意見に困惑し、「もうたくさんだ！」とか「話にならない！」など、強制的・攻撃的とも取れる発言をすることがある。　○　×

（11）議論が白熱してきたときに、相手の主張に反論するのではなく、相手を個人的に傷つけるような発言をすることがある。　○　×

（12）自分は、議論が白熱すると相手にきつくあたると思われており、実際に相手が屈辱を感じたり傷ついたりしているように見える。　○　×

（13）重要な話題について話し合っているときに、自分の意見を言うのではなく、言い争いに勝とうとしていることがある。　○　×

（14）難しい話をしているときに、議論に夢中になるあまり、自分が相手にどう見えているかわからないことがよくある。　○　×

⒂話し合いが白熱し、相手を傷つける発言をしたときは、すぐに謝罪する。　○　×

⒃話し合いが悪い方向へ向かったときに、まずは相手の過ちではなく、自分が何か間違ったことをしなかったかどうかを考える。　○　×

⒄自分の意見の背後にある論理を説明して相手を説得するのが得意だ。　○　×

⒅話し合いの際に、相手が自分の意見を差し控えたり守りの態勢に入ったりしていると、すぐにそれに気づく。　○　×

⒆手厳しい意見を言うと深刻な問題になることがわかっている場合、黙っていたほうがいいと思うことがある。　○　×

(20) 話し合いがうまくいかないときには、口論から一歩身を引き、何が起きているかを考え、事態を改善する対策を取る。　○　×

(21) 相手がこちらの言うことを誤解して守りの態勢に入った場合、こちらの意図していること、意図していないことを明確にし、話し合いをすぐに正しい方向へ戻す。　○　×

(22) 正直に言えば、相手を意のままにできる力を持っているような時に、相手にきつくあたることがある。　○　×

(23) 確実に自分の意見を通すため、「実際は～だ」とか「明らかに～だ」といった異論を排する言い方をすることがある。　○　×

(24) 相手が発言をためらっていれば、どんな内容であれ思っていることを言うよう誠

実に促す。　○　×

(25) 苛立ちや侮辱を感じると、相手に対してきわめて攻撃的になることがある。　○　×

(26) 緊迫した状況に陥っても、相手が腹を立てている理由を見つけ、問題の根本原因を突き止められる。　○　×

(27) 相手と意見が食い違う場合、共通点を探そうとするよりも、そのまま自分の主張を押し通そうとすることが多い。　○　×

(28) 事がうまく運ばない場合、つい興奮してしまい、自分よりも相手に非があると考えがちだ。　○　×

(29) 自分が説得力のある意見を述べたあとでも、反対意見を含め、相手に意見を述べる機会を与える。 ○ ×

(30) 相手が発言をためらっているときには、相手の意見に興味を示し、いっそう注意深く耳を傾ける。 ○ ×

(31) 合意したことを相手が実行しようとせず、また同じ問題を話し合わなければならないことが多い。 ○ ×

(32) 議論した内容や合意した内容について覚えていることが相手と異なるため、せっかく話し合ったのにまた問題が生じてしまう。 ○ ×

(33) 問題に取り組もうとしているときに、誰が最終的な決定権を持つかについて、意見が合わなかったり自分の思いどおりにならなかったりする。 ○ ×

オンラインで自分の「ストレス下のスタイル」をチェック

自動採点式の「ストレス下のスタイル」テストなど、クルーシャル・カンバセーションをマスターするための無料ツールに興味があれば、www.CrucialConversations.com/exclusive にアクセスを。

「ストレス下のスタイル」のスコア

121ページの「図表4-1」と「図表4-2」のスコアシートをチェックしてみてほしい。各欄に二つか三つの質問が対応している。質問番号の隣には、(○)または(×)の表示がある。たとえば、図表4-1の「覆い隠す」の欄の質問5には(○)とある。この場合、質問に○と答えたら、チェックボックスにチェックマークを入れる。また、図表4-2の質問13には(×)とある。こちらは、質問に×と答えた場合にチェックマークを入れる。以下、すべて同じようにチェックを行う。

図表4‐1は「ストレス下のスタイル」スコアシートで、自分がどのような形態の沈黙や暴力に陥る傾向があるかがわかる。図表4‐2は「会話スキル」スコアシートで、各章のテーマごとにまとめられており、どの章の内容がいちばん自分の役に立つかを判断できる。

スコアの見方

図表4‐1の沈黙や暴力に関するスコアは、自分がこうしたつたない戦略にどれだけ陥りやすいかを示す。実際に確認してみると、沈黙と暴力の両方でチェックマークが多い場合もある。チェックマークが多い（一つか二つの質問が該当する）欄があれば、その戦術を使う傾向が強いということだ。これは、それだけ人間的だということでもある。大半の人は、自制する戦術と強硬な戦術を使い分けている。

図表4‐2の七つの項目は、七つの章で説明するそれぞれのスキルがあるかどうかを示す。チェックマークが多い（二つか三つの質問が該当する）欄があれば、すでにその分野のスキルはかなり高いということだ。チェックマークの少ない（該当する質問がないか一つしかない）欄については、その章の内容に特に注意したほうがいい。

両スコアは、緊迫した話し合いやクルーシャル・カンバセーションにおいて自分が主にどう行動するかを示しているが、変えられないわけではない。スコアは、一定不変の性格

図表 4-1 「ストレス下のスタイル」スコアシート

沈黙 □	暴力 □
覆い隠す □ 5（○） □ 6（○）	支配する □ 7（○） □ 8（○）
避ける □ 3（○） □ 4（○）	レッテルを貼る □ 9（○） □ 10（○）
話をやめる □ 1（○） □ 2（○）	攻撃する □ 11（○） □ 12（○）

図表 4-2 「会話スキル」スコアシート

第3章　本音を探る □ □ 13（×） □ 19（×） □ 25（×）	第7章　プロセスを告げる □ □ 17（○） □ 23（×） □ 29（○）
第4章　観察する □ □ 14（×） □ 20（○） □ 26（○）	第8章　相手のプロセスを探求する □ □ 18（○） □ 24（○） □ 30（○）
第5章　安心させる □ □ 15（○） □ 21（○） □ 27（×）	第9章　行動に移す □ □ 31（×） □ 32（×） □ 33（×）
第6章　新しいストーリーを創る □ □ 16（○） □ 22（×） □ 28（×）	

特性や遺伝的傾向を示すものではなく、単に行動傾向を示すものでしかない。だから、いくらでも修正は可能だ。実際、本書の内容を真剣に受け止め、各章で説明するスキルを磨けば、その人は変わる。人が変われば、その人生も変わる。

自分の「ストレス下のスタイル」がわかると、何ができるだろう？ それを「観察」に役立てることができる。つまり、難しい話し合いになったときに、沈黙や暴力に訴える癖を出さないよう気をつけることが可能になる。また、クルーシャル・カンバセーションのさなかに気をつけなければならないことを意識できるようになる。

私のクルーシャル・カンバセーション——トム・E

私は五五歳、「老い木は曲がらぬ」ということわざどおりの頑固者だ。一七年間同じ会社に勤め、そこの技術部と仕入部で働いてきた。だが「かっとなる」ことが多く、その間、繰り返し対人関係の問題に直面した。それでも、仕事を終わらせることが何よりも重要であり、そのためには関係を損ねても仕方がないと思っていた。

あるとき、会社の上級管理職を対象に「クルーシャル・カンバセーション」の講習会が開かれ、私の直属の上司が参加した。そして次に、その下のレベルの管理職や指導者が講習を受けることになった。私は誰を指導する立場にもないが、どういうわけか上司がその講習会に私を参加させた。

私は最初、「こんなことに時間を割いている暇はない」と思った。しかし講習が始まって数分がたつと、それが自分にふさわしい講習であり、何かを学べるかもしれないと思い始めた。私はできるかぎり集中し、説明に聞き入った。「観察する」の説明の際には、過去の事例を思い返し、自分の行動のどこに誤りがあったかを知った。ほかの人と話をするときに何の注意も払っておらず、相手が沈黙や暴力に陥っていることに気づかなかった。いつも「私のやり方に従うか、出ていくか」を強引に迫り、相手が沈黙すると、それを同意の合図と受け取っていた。

講習の間、私は各章を何度も読み返し、講習会仲間と話をした。ある学習パートナーが率直に語ってくれたところによると、私の同僚の多くは、私の知識が豊富なことは認めているが、私とは話をしたがらないという。いつ私がかっとなるかわからないからだ。

講習が終わった直後、私は技術部長のオフィスに呼ばれた。部長は、私がすぐにかっとなるという同僚の意見を受け、私に試験期間を設けることにしたという。三ヵ月の間に改善できなければ、クビである。私はどうしようかと一晩中考えた。そのとき、「クルーシャル・カンバセーション」の講習で学んだことが、問題の解決に役立つことに気づいた。講習を受けていなければ、事態を改善する方法がまるでわからず、ほぼ間違いなく自ら辞職していたことだろう。だがあの講習のおかげで、試練に立ち向かう気になれた。

講師は、この講習の内容は一時的なものではなく、「人生を変える」ものだと言っていた。私には、修復しなければならない人間関係が社内にいくつもあった。長く険しい道のりになることはわかっている。謝罪するのは難しいが、どうしても自分を変えたかった。それから一年がたった。私はまだ同じ会社で働いている。この一年の間に起きたことには我ながらびっくりしている。これまでに、あらゆる人間関係を修復した。それどころか、ときには事態の処理の仕方についてアドバイスを求められるまでになった。同僚たちを代表して管理職とクルーシャル・カンバセーションを行うこともある。妻も、過去三〇年の私の行動パターンが一変したと言っている。以前はかっとなっていたことにもかっとしなくなり、まるで別人のようだという。確かに私は別人になった。しかも望ましい別人に。「クルーシャル・カンバセーション」は私をすっかり変えてくれた。老い木も曲げられるのだ。

——トム・E

まとめ——観察する

クルーシャル・カンバセーションにはまり込むと、何が起きているのか、なぜそうなったのかを正確に見きわめることが難しくなる。そのため議論がややこしくなると、理想とは正反対の行動を取ってしまう場合が多い。自分の「ストレス下のスタイル」が示す不健全な戦術に頼ってしまうのだ。

観察する

知らぬ間に進行するこうした悪循環を断ち切るには、「観察」が必要になる。

- 内容と状況の双方を観察する。
- 会話がクルーシャル・カンバセーションに変わる瞬間に気をつける。
- 安全性の問題に気を配る。
- 相手が沈黙や暴力に向かおうとしていないか注意する。
- 自分が「ストレス下のスタイル」に陥らないよう気をつける。

5

安心させる

——安心して何でも話せるようにするには

適切に語られた言葉は、銀のかごに入った金のリンゴのよう。

——『箴言』第二五章一一節

　前章ではこう述べた。安全性が損なわれたときにそれに気づけば、話し合いから一歩身を引き、安全性を回復し、何でも話せる環境を生み出すことができる、と。では、安全性を回復するために何をすればいいのだろう？　本章ではそれを説明する。

　まずは二人のマネージャー、ジョンとメアリーの会話を取り上げよう。二人はどの注文を受け付け、どの注文を遅らせるかについて話し合わなければならない。

最初にその背景について簡単に説明しておこう。ジョンとメアリーは成長著しい製薬会社に勤めている。だが、成長が著しいあまり、最近になって会社の資金や生産能力が需要に追いつかなくなり、入ってくる注文に答えることができなくなってきた。ここ数ヵ月は危機的状況に陥っている。

現在、ジョンは営業部門を担当している。ボーナスをもらうにはノルマを達成しなければならない。一方、生産部門を担当するメアリーは、生産する商品の割合やそのスケジュールを決めている。ところがジョンのチームは、生産スケジュールにない商品の発注を受け入れてしまうことが多々ある。そのたびに会社は資金的な問題に苦しみ、顧客の怒りを買い、評判を傷つけている。

こうした状況は両マネージャーの責任とも言える。しかしながら二人は、懸念を伝え合うどころか、行動で示した。ジョンは怒鳴り、脅し、生産部門の従業員の悪口を言ったり、暴力に訴えたりした。

メアリーはときに一歩引き下がり、ジョンの注文に間に合わせるために、普段の倍の価格で原材料を調達し、生産スケジュールを変更した。だがそうすると、ジョンの憤激は抑えられるが、会社が損を被る。そのためメアリーはジョンのやり方が気に入らない。居丈高な彼のふるまいに憤慨し、上司に彼の悪行を報告しようと機会を伺っている。

こうして悪循環が生まれる。ジョンが怒鳴れば怒鳴るほど、ジョンを助けたいというメアリーの気持ちは薄れていく。メアリーは、ジョンの要求を飲めば飲むほど、彼と働きたいとは思えなくなっていく。つまり、二人がクルーシャル・カンバセーションに取り組まず、行動で示せば示すほど、彼らの業績は悪くなる一方である。

そこでメアリーは意を決し、ジョンとこの問題について話をすることにした。二人が限界点に達する前に、お互いに余裕のある時間を選んで話を始めた。

メアリー　ジョン、先週のことについて話があるんだけど、わかるでしょう？　Triple‐Xの注文を断らないといけないと伝えたあの件。

ジョン　会社の売り上げだけじゃなく顧客のことも心配しているってアピールしたいのかい？

メアリー　そんな皮肉は言わないで！　それはあなたがいちばんよく知っているはずでしょう！

ジョン　どうだろうね、きみに振りまわされるのはもううんざりだ。

メアリー　（部屋を出ていく）

一歩身を引く――安心させる――会話に戻る

メアリーの行動を見てみよう。彼女は難しい問題に取り組もうとした。その点はいい。

だがメアリーがすでに不愉快な思いをしているところへ、ジョンはさらに嫌がらせのような態度を取った。何かが彼の癇に障ったのだ。メアリーはこの後、どうすればいいのだろう？　健全で率直な会話に戻すことはできるのか？　思っていることを安心して伝えられないときには、どうすればいいのだろうか？

　ここで重要なのは、話の内容から一歩身を引くことだ。言われたことにこだわっていてはいけない。メアリーは、ジョンの言葉だけを意識して、部屋を出ていってしまった。だが、ジョンの状況に目を向けていれば、彼が皮肉という戦術を使ったことに気づいただろう。皮肉は沈黙の一形態である。ジョンは自分の懸念について率直に話し、「共有認識のプール」を広げるのではなく、思いつくまま嫌みを言い放った。なぜそうしたのか？　ジョンがこの会話を安全だと感じなかったからだ。

だがあいにく、メアリーはその点に気がつかなかった。筆者は何も、ジョンの行動が容認できるものだったとか、メアリーは我慢するべきだったと言いたいわけではない。まずは大事なことを優先するべきだった。それは、自分の「本音を探る」ということだ。「私が本当に欲しいもの、心から望んでいることは何か？」

　今後の関係を左右する話題について、健全な話し合いを心から望んでいるのであれば、ジョンの皮肉など、当面の問題をしばらく忘れることも必要だ。

　そしてその瞬間に、メアリーは相手が安心できる環境を作り上げなければならない。ジョンが会社の危機などさまざまな問題について安心して話せる環境である。メアリーが相手を安心させられなければ、沈黙や暴力を伴う不健全な態度が続くだけになる。

では彼女はどうすべきなのか？

こうした状況では、会話がまったくできない人は、ジョンやメアリーと同じような行動を取る。たとえばジョンのように、安全性が求められていることなどまるで意に介さず、思ったことを何でも口にし、相手の気持ちなどまるで考えない。あるいはメアリーのように、この問題を支障なく話し合うことなど無理だと決めつけ、黙り込んでしまう。

一方、会話がある程度できる人は、安全性が危険にさらされていることに気づきはするが、まったく間違った方法でそれに対処する。言いたいことを耳障りのいい言葉に変え、問題をもっと受け入れやすいものにしようとする。「ねぇジョン、その商品、少しだけなら受注できると思う」。この場合、話の内容を加減したりねじ曲げたりして安全性を高めようとしている。だがこの戦略は、言うまでもなく本当の問題を避けており、解決には至らない。

それに対し、会話にこのうえなく長けた人は、相手の手に乗らない。絶対に。彼らは解決すべき問題について、強要する、覆い隠す、見せかけるといった手を使わずに話す必要があることを理解している。そのためまったく別の行動に出る。話の内容から一歩身を引き、相手を安心させ、それから会話に戻るようにする。いったん安心感が回復されれば、およそ何でも話すことができるようになる。

たとえばメアリーの場合、こう言って会話を軌道に戻すことができる。「ちょっと考え方を変えてみようよ。売り上げや生産についてあなたと話がしたいんだけど、あなたのチームや顧客を困らせるようなことはしたくないの。あなたを悪者にしたいわけじゃない。もちろん自分を正当化したいわけでもない。ただ、二人とも満足できる解決策を見つけたいと心から思っているだけ」

どの条件が危険にさらされているかに注意する

このとき、メアリーが安全性を確保するために何をしたか見ていこう。たとえ話題が重要な結果や反対意見、強い感情を伴うときでも、安全性を確保することは可能だ。安心できる環境を生み出すにはまず、安心をもたらす二つの条件のどちらかが危険にさらされていないかを知る必要がある。どちらの条件が危険にさらされているかで、対処の方法も異なる。

共通の目的――会話に入る条件

そもそもなぜ話をするのか？

厳しい意見を言われたのに、それに反発しないで受け入れた経験は誰にでもあるだろう。たとえば友人があなたに、腹を立てそうなことを言ったとする。それでも腹を立てなかったのは、友人があなたのことやあなたの目標や目的を気にかけてくれていると思ったからに違いない。つまりあなたは、友人の「目的」を信頼していた。だから、かなり厳しい意見にも進んで耳を傾けることができた。

クルーシャル・カンバセーションが失敗するのはたいてい、相手が話の内容を嫌がるからではない。その内容からしてこちらが悪意を持っているのではないかと相手が思い込むからだ（その内容を穏やかに持ち出したとしても）。相手は自分が傷つけられるのではないかと思い込んでいる。そんな状態で安心できるわけがない。その話を持ち出したとたん、こちらが何を言っても相手は疑うだろう。何の害もない「おはよう」という言葉さえ、相手は悪く解釈してしまう。

つまり、安心をもたらす第一の条件は、共通の目的である。ここで言う「共通の目的」とは、話し合いの際に、こちらが相手の目的や関心、価値観を大事にし、共通の結果に向けて努力していることを、相手が理解しているという意味だ。こちらも同様に、相手がこちらの目的や関心、価値観を大事にしていることを理解している。したがって、「共通の目的」は会話を始めるための条件と言える。共通の目標を見つければ、それが話し合うための十分な理由になり、そのための健全な環境も生まれる。

たとえば、メアリーはジョンを悪者扱いし、自分の思いどおりにするために、この話題を取り上げたのだとジョンが思い込んでいたら、最初からこの話し合いが成功する見込みはない。メアリーは双方が満足できる解決策を心から望んでいるのだとジョンが思ってくれれば、メアリーにもチャンスが生まれる。

「共通の目的」が危険にさらされているサインに注意する　「共通の目的」がないために安全性の問題が起きているときに、どうすればそれに気づけるだろうか？　実際のところ、それを見つけるのは実に簡単だ。第一に、「共通の目的」が危険にさらされていると、話し合いが言い争いになる。相手が共有認識のプールに自分の意見を無理やり押し込もうとするのはたいてい、こちらがただ言い争いに勝とうとしているため、相手もそれに対抗しなければならないと思っているからだ。「共通の目的」が危険にさらされているサインとしては、そのほかに、保身、下心（沈黙の一形態で、目的を混乱させる）、非難、堂々巡りなどがある。自分に以下の二つの疑問を問いかけ、「共通の目的」が危険にさらされていないか判断してほしい。

- 相手は、自分の目的が尊重されていると思っているか？
- 相手は、こちらの動機を信頼しているか？

「共通の目的」の「共通」が重要　ここで一つ大切なことを述べておきたい。「共通の目的」はテクニックではない。クルーシャル・カンバセーションを成功させたければ、自分だけでなく、相手が気にしていることにも留意しなければならない。目的が真に共有されることが重要なのだ。目的が自分の我を通すこと、相手を意のままに操ることにあれば、すぐにそれは明らかとなり、安全性が損なわれ、たちまち話し合いは沈黙や暴力に向かう。だから、話し合いを始める前に、自分の動機を確認してほしい。そのためには、「本音を探る」以下の疑問を自分に問いかけてみればいい。

- 私は自分に何を望んでいるのか？
- 私は相手に何を望んでいるのか？
- 私は相手との間にどんな関係を望んでいるのか？

相互関係に目を向ける　「共通の目的」を見つけるのが難しい場合にどう対処すればいいかを見てみよう。一見したところ、自分の状況を改善することが目的に見えるような場合だ。こんなときは、どのように「共通の目的」を見つければいいのだろう？　たとえば、約束を守らないことが多く、信頼できない上司がいたとしよう。この上司に、それをどう指摘すればいいだろう？　そんなことを言えば上司は間違いなく、守りの態勢に入るか報復的な態度に出るだろう。自分の仕事をしやすくすることだけが話の目的だと、上司も気づくからだ。

こうした問題を避けたければ、上司にこちらの話を聞きたいと思わせるような「共通の目的」を探すといい。自分の思いどおりにしたいという理由だけで上司に話をすれば、上司はこちらのことを利己的で口やかましいと思うだけだろう。事実そのとおりである。だが、相手の考えていることを理解しようとすれば、どんなにデリケートな話題であれ、相手を積極的に話し合いに参加させる方法が見つかる。たとえば上司は、締め切りやコスト、生産性を気にかけている。だがその上司の行動のせいで、部下が締め切りに間に合わせたり、コストを抑えたり、生産性を維持したりできないとなれば、そこに「共通の目的」を見出すことができる。

一例として、こんなふうに話を切り出してはどうだろう?「私の信頼性を飛躍的に高め、毎月の報告書を作成するコストを数千ドル削減できるかもしれないアイデアがあります。少々デリケートな話題に触れることになりますが、話し合いができれば大いに役立つと思います」

相互の敬意——会話を続ける条件

どうすれば会話を維持できるか?

「共通の目的」がなければ、クルーシャル・カンバセーションを始められない。同様に、相互の敬意を維持できなければ、クルーシャル・カンバセーションを続けることはできない。「相互の敬意」は、会話を続ける条件である。相手がこちらに敬意を払っていないことに気づけば、たちまち安心して話をすることができなくなり、会話は急停止してしまう。

それはなぜか？　敬意は空気のようなものだからだ。空気は存在しているかぎり、誰も空気のことを考えない。だが空気が取り除かれると、誰もが空気のことしか考えられなくなる。敬意もそれと同じだ。話し合っている最中に相手からの敬意を感じられなくなると、その瞬間に話し合いは、当初の目的に沿ったものではなくなり、自分の威厳を守ることを目的とするようになる。

たとえば、品質の複雑な問題について大勢の管理職と話をしているとしよう。あなたはこれを機に、この問題を完全に解決したいと思っている。あなたの仕事はそれに大きく左右される。だがあいにくあなたは、その場に居並ぶ管理職についてこう思っている。仕事もできないのに給料をもらいすぎだ。問題に対処する力もなく、いつもばかなことばかりしている。中には、倫理にもとる行動を取る人さえいる、と。

管理職がアイデアを出すと、あなたはあきれた表情をする。あなたの頭の中でふくらんでいた軽蔑の気持ちは、隠そうとしても、ちょっとした目の動きに表れる。すると、それですべてが終わってしまう。「相互の敬意」がなければ、話し合いは失敗に終わる。あなたの表情を見て苛立った管理職が、あなたの提案にけちをつける。するとあなたは、侮辱的な形容詞をつけて相手の提案を批判する。こうなると、相手をやり込めることしか考えられなくなり、やがて誰もが損をする。「相互の敬意」がなかったために「共通の目的」が損なわれてしまうのだ。

敬意が失われたサイン　敬意が失われ、安全性が損なわれている状況にいち早く気づくには、相手が自分の威厳を守ろうとしているサインに注目するといい。その鍵になるのが感情だ。人間は敬意を払われていないと感じると、きわめて感情的になる。その感情は、次第に不安から怒りに変わり、不機嫌な表情をしたり、悪口を言ったり、怒鳴ったり、脅したりするようになる。以下の疑問を自分に投げかけ、「相互の敬意」が損なわれていないか判断してほしい。

- 相手は、自分に敬意が払われていると思っているか？

尊敬していない人に敬意を払えるか？

話し合いの相手や状況によっては、「共通の目的」や「相互の敬意」を持てないのではないかと言う人がいる。経歴のまったく違う人や、倫理観や価値観が異なる人と、同じ目的を共有し合えるわけがない、というわけだ。たとえば、相手に失望させられて腹が立った場合、どうすればいいだろう？　そんなことが何度も起きたら、それほどやる気がなく身勝手な人間を尊敬できるだろうか？

メアリーはまさにこの問題に取り組んでいる。メアリーには、ジョンを好きとは思えないときがたびたびある。彼が文句を言ってばかりの自己中心的な男に見える。そんな人と敬意を持って話し合うには、どうすればいいのか？

話し合いの前に、あらゆる目的を共有し、相手の人格のあらゆる要素を尊重しなければならないとしたら、会話は成り立たない。誰もが黙り込んでしまうだろう。しかし実際には、相手の基本的な人間性さえ尊重できれば、会話を維持できる。一般的に、相手を軽んじたりばかにしたりする気持ちは、相手と自分との違いにこだわることから生まれる。したがって、相手との共通点を探すようにすれば、こうした気持ちに対抗できる。相手の行動を許すのではなく、同情したり共感したりしようと努力するのだ。

かつての賢者は、祈りを通じてそれを実践するよう促していた。「主よ、私とは違う罪を犯す人々を許すことができますように」。誰もが弱みを持っていることに気づけば、相手を尊敬するのも容易になり、もっとも苦手とする人々との間にも一体感や親近感を感じられるようになる。この親近感や結びつきから「相互の敬意」が生まれ、いずれは誰とでも会話を維持できるようになる。

以下の事例を考えてみよう。ある製造会社で、六ヵ月以上にわたりストライキが行われていた。最終的に労働組合は仕事に復帰することに合意したが、労働者側は、実質的には当初の要求より悪い条件で妥協するほかなかった。仕事復帰の初日、従業員は笑顔もなく、重い足取りで職場にやって来るに違いない。誰もが腹を立てていた。こんなとき、どのように状況を改善していけばいいのか？

ストライキは終わっても闘いは終わっていない。それを心配したある管理者が、筆者に支援を求めてきた。そこで筆者は、経営者側と労働組合側双方の代表者グループと会い、あることを要請した。各グループに別々の部屋で、会社が目標とすべきことをフリップチャート大の紙に書き出してもらったのだ。どちらのグループも、将来の希望を二時間にわたり熱心に話し合い、思いついた内容をいくつも紙に書き出し、その紙を壁に並べて貼った。そして両グループがこの課題を終えると、それぞれのグループに相手の部屋に行ってもらった。多少でも何か共通するものが見つかればと思ってのことだ。

数分後、部屋から戻ってくると、どちらのグループもいい意味で衝撃を受けていた。まるでまったく同じ内容を目にしたかのようなのだ。実際、一つか二つの項目の内容が何となく似ているという程度ではない。両者の希望はほとんど同じだった。いずれもが、高い利益、やりがいのある安定した仕事、高品質の製品、コミュニティへの貢献を求めていた。攻撃されるおそれがなく、自由に話す機会を与えられると、どちらのグループも、そのグループだけの望みではなく、事実上あらゆる関係者の望みを表明したのだ。

この経験を受け、両グループのメンバーは、相手に対するこれまでの考え方を疑問視し、相手も自分たちと変わらないのではないかと考えるようになった。相手が使っていたつまらない戦術さえ、自分たちが採用している戦術とあきれるほど似通っていた。それぞれが相手を批判してきたのは、それぞれの側の性格に根本的な問題があるためではなく、それぞれが果たしてきた役割のせいだったのだ。こうして両グループは「相互の敬意」を回復し、数十年ぶりに沈黙や暴力に陥らない会話ができるようになった。

一歩身を引いたときに何をすべきか

これまでの説明で、「相互の敬意」や「共通の目的」が危険にさらされていることに気づいたら、それを無視してはいけないと述べた。また、まったくタイプの異なる人とでも、「共通の目的」を見つけ、「相互の敬意」を育むことができるはずだとも記した。

しかし、具体的にどんなことをすればいいのだろう？　これまでは控えめなアイデア（主に避けなければならないこと）しか教えてこなかったので、ここで会話に長けた人が利用する三つの強力なスキルを紹介しよう。

・謝罪する
・コントラスト化する
・「共通の目的」を創り出す

このスキルはいずれも、「相互の敬意」や「共通の目的」を回復するのに役立つ。まずはこれを、具体的な場面を想定して解説しよう。そのあとで、メアリーが会話を再び軌道に乗せるのに、これらのスキルが役立つかどうかを検証したい。

あなたはどこに？　ある会社で重役の視察があり、その準備のため、ある従業員のチームが徹夜で作業を行った。あなたは、担当の副社長をその場に案内することになっている。チームのメンバーは、副社長が来たら、自分たちが導入した新たな工程について説明をする予定だった。彼らは、最近ほどこした改善点を誇りに思っている。わざわざ徹夜までして細部を仕上げたのはそのためだ。

しかし副社長は、そのチームの部署を視察しようとするときになって、驚くべき発言をした。品質を損ない、最大の顧客を失うことになるとしか思えない計画を披露したのだ。副社長と話ができるのはあと一時間しかない。そこであなたは、視察を続けるよりも、その問題について話し合うほうを選んだ。会社の未来が、その話し合いにかかっている。結局あなたは、当初の計画を見直してもらうことに成功した。だがあいにく、徹夜で働いたチームに視察の中止を伝えることを忘れていた。

あなたが副社長を見送り、オフィスに戻ろうとすると、あのチームが待っていた。目の充血したメンバー六人全員がこの事態に落胆し、怒りを覚えていた。何しろあなたは、そのチームの部署を訪れて状況を説明すべきときに、電話一本よこさなかったのだ。それに、チームのそばをさっさと通りすぎようとした態度から、あなたが立ち止まって簡単な説明さえするつもりのないことは明らかだった。

これはいけない。

その瞬間、事態が悪化した。「私たちは徹夜で仕事をしたんですよ！　それなのにあなたは説明に来ようともしない。何かあったのならメールの一つぐらいできるでしょうに。まったく」

時間が止まった。クルーシャル・カンバセーションが始まったのだ。それまで必死に働いてきたチームのメンバーは、明らかに憤慨している。あなたは相手をばかにしようと思っていたわけではない。にもかかわらず、彼らは自分たちに敬意が払われていないと感じている。

しかしあなたは、安全性を回復できない。なぜか？　あなた自身も、相手から敬意が払われていないと感じているからだ。彼らはあなたを攻撃している。そのためあなたは、興奮のあまり話の内容にとらわれ、視察に関する話から脱け出せない。

「会社の未来と工場視察のどちらかを選ばなければならなかったんだ。だから私は会社の未来を選んだ。また同じ状況になれば、同じことをする」

今やあなたもチームのメンバーも、敬意を求めて言い争っている。しかし、これでは何も進展しない。どうすればいいのだろう？

こういうときは、夢中になって言い返すのではなく、この悪循環を断ち切ればいい。相手の攻撃的態度を、安全性が損なわれたサインだと受け止め、話の内容から一歩身を引き、相手を安心させ、そして話の内容に戻るのだ。以下にそのための具体的な方法を説明しよう。

謝罪すべきときは謝罪する

相手を傷つける過ちを犯した（チームに連絡しなかった）場合、まずは謝罪しよう。つまり、相手に苦痛や困難を与えて（あるいは、それを防げなくて）申し訳なく思う気持ちを、誠実に表明するのである。

「視察に行けないことがわかった時点で連絡を入れず、申し訳なかった。あなた方は徹夜で仕事をした。今回の視察は改善点を披露する絶好のチャンスだったのに、私は何の説明もしなかった。心からお詫びしたい」

しかしこれも、心を入れ替えなければ、本当の謝罪とは言えない。誠実に謝罪するには、動機から改めることが大切だ。本当に欲しいものに集中するためには、体面を保つこと、自分を正当化すること、相手に勝つことをあきらめなければならない。多少の自尊心を犠牲にしてでも、自分の誤りを認めることが必要だ。しかし、多くの犠牲に見られるように、大事なものをあきらめれば、それよりはるかに価値のあるものを手に入れられる。よりよい結果を伴う健全な会話である。

次に、誠実に敬意を示したことで安全性を回復できたかどうかを確認しよう。回復できれば、その段階で何があったのかを詳しく説明すればいい。回復できなかった場合は、以下のページに示すより高等なスキルを利用する必要がある。いずれにせよ、まずは相手を安心させ、それから問題に戻ることだ。

ばかにされているのではないか、「共通の目的」に向けて努力していないのではないかと相手が感じるようなことをしてはいけない。そんなことをすれば、こちらが誠実に謝罪しないかぎり、話し合いが本来の目的をそれ、苛立たしい誤解に終始するおそれがある。

コントラスト化して誤解を正す

クルーシャル・カンバセーションの際、こちらは相手をばかにするようなことは一切していないのに、相手がばかにされているように感じることがある。もちろん、相手を傷つけようとして敬意をないがしろにする場合もある。だがたいていは、意図して侮辱しているわけではない。

同じようなことは、「共通の目的」でも起こる。何の気なしにこちらの意見を述べただけなのに、自分の意見を無理やり押しつけようとしている、非難しようとしていると相手に思われてしまう場合だ。このような場合は言うまでもなく、謝罪すべきではない。自分が悪くないのに悪いと認めてしまうのは誠実ではない。では、「共通の目的」や「相互の敬意」を回復し、安心して会話に戻れるようにするには、どうすればいいだろう？

相手がこちらの目的や意図を誤解しているときは、議論から一歩身を引き、「コントラスト化」というスキルを使って安全性を回復しよう。

「コントラスト化」とは、以下のように「意図していないこと」と「意図していること」を明らかにすることを指す。

- こちらが敬意を払っていないのではないか、こちらに悪意があるのではないかという相手の不安に対処する（「意図していないこと」）。
- こちらが敬意を払っていることを証明し、こちらの真の目的を明らかにする（「意図していること」）。

さきほどの会社の例で言えば、こんな具合だ。

「意図していないこと」「あなた方の仕事を評価していないとか、副社長にそれを見せたくなかったとか、そんなことはまったく思っていない」
「意図していること」「あなた方の仕事ほど注目に値するものはないと思っている」

これで安全性への脅威に対処できれば、あとは視察の件に話を戻し、問題の解決に向かえばいい。

「運が悪いことに、視察に行こうとした矢先に副社長が問題を持ち出してきたので、その場でそれに対処しなければならなくなったんだ。さもないとこの会社の事業の大部分に悪影響が及ぶおそれがあったからね。では、こうしてはどうかな？　明日、副社長にあなた方の仕事を見てもらえるかどうか確認してみよう。テープカットのセレモニーでここに来るはずだから。そのときに、あなた方が導入した改善点を披露できるかもしれない」

「コントラスト化」の二つの要素のうち、重要なのは「意図していないこと」のほうである。というのはそれが、安全性を危険にさらす誤解に対処するものだからだ。徹夜して働いたチームのメンバーは、自分たちの努力をあなたが評価していないから、知らせるべきことも知らせなかったのだと思い込んでいる。だがあなたは、まるでそんなふうに思っていない。だからまずは、自分にそんなつもりはなかったと説明して誤解を解く。誤解が解け、安全性が回復できれば、自分がどういうつもりだったかも説明できる。何よりも安全性が第一だ。

メアリーとジョンの話に戻ろう。メアリーは話し合いをしようとするが、ジョンは彼女の目的を疑っている。ここで「コントラスト化」がどのように役立つか見てみよう。

メアリー　あなたが文句を言ったり怒ったりすると状況は悪化すると思うの。特に営業チームに私の悪口を言ったりするとね。
ジョン　じゃあ、きみに毎回振りまわされるのを我慢するだけじゃなく、もっと楽しそうにふるまえと言うのかい？

どうやらジョンは、自分に責任をなすりつけることがメアリーの目的なのではないかと思っているようだ。これでは安心できない。「共通の目的」が危険にさらされている。メアリーはジョンの皮肉に応じるのではなく、話の内容から一歩身を引き、自分の本当の目的を明確にする必要がある。

メアリー　私がこの状況に満足していると思ってほしくないの。このまま顧客の注文を断り続けてこの会社が存続できるとは思えない。だから問題になりそうな注文について、お互いに感情的にならないで話がしたいの。

ジョン　わかったぞ。こうして話したあとも、きみはいつもどおりぼくらの注文を断り続けるつもりなんだろう？　こうして「話し合い」をした以上、もう罪悪感を覚えることなく断れるだろうからね。また自己啓発の本でも読んでいるのかい？

明らかにジョンはまだメアリーを疑っている。メアリーは、これまでの自分の仕事に問題がないことさえ確認できれば、もう良心の呵責もなく注文を断れると思っているのではないか？　ジョンは不安から抜けきれない。そこでメアリーは、話の内容から一歩身を引いたまま「コントラスト化」を使って相手を安心させる。

メアリー　まじめに聞いて。私は、今の状況のままでいい理由を話し合うつもりはないの。今のままでよくないことはわかっている。だから、お互いに何がよくて何がよくないと思っているのかを話し合いたいの。そうすれば、この状況を改善するために何をすればいいか、なぜそうする必要があるのかがわかると思う。二人でお互いのためになるアイデアを見つけたい。ただそれだけ。

ジョン　（口調と態度を変え）本当？　ぼくは、注文のキャンセルで評判に傷がついたことをきみは知ろうともしないし、まじめに考えてもいないと思っていたよ。そのことに腹がたったし、我慢がならなかったんだ。

「コントラスト化」は謝罪ではない　「コントラスト化」は謝罪ではない点によく留意してほしい。相手の気持ちを傷つけたこちらの発言を撤回するわけではない。むしろこちらの発言に、その言葉本来の意味以上に相手を傷つける意図はないことを確認するためのものだ。メアリーはジョンが勝手に生み出した誤解を解き、話し合いの本当の目的を明らかにした。その結果ジョンは、安心して自分の非を認め、会話に戻ることができた。

「コントラスト化」は状況に即したバランスのよい対応を生み出す　難しい話をしていると、相手がこちらの言葉に言外の意味を読み取ったり、こちらの言葉を間違って解釈したりする場合がある。たとえばあなたが、時間を守らない助手に注意したとしよう。すると助手は、予想以上に落ち込んでしまった。

こんなときには、話の内容を和らげたいという誘惑に駆られ、「それほど大したことじゃないから」などと言いたくなるかもしれない。だが、その誘惑に負けてはいけない。自分の発言を取り消すのではなく、状況に即してとらえるようにするのだ。たとえば、このとき助手は、自分の仕事ぶりがまるで認められていないのだと考えているのかもしれない。時間を守らないことを注意しただけなのに、自分の仕事全体を否定されたように思っているのだ。それが間違いなら、「コントラスト化」を使い、自分が意図していないこと、意図していることを明らかにするといい。そんなときは、意図していないことから話を始めよう。

「ちょっといいかな。私は何も、きみの仕事ぶりに文句があるわけじゃない。これからも一緒に仕事をしていきたいと思っている。きみがきちんと仕事をしていることはわかっているよ。ただ、時間を守るのは大切なことだから、注意してほしいんだ。それさえ気をつけてくれれば、何も言うことはないよ」

予防措置や応急処置として「コントラスト化」を使え　「コントラスト化」は、安全性の問題に対する予防措置としても応急処置としても使える。これまでの事例では、安全性が損なわれたときに応急処置を施す方法を説明してきた。相手がこちらの意図を誤解したら、本当の目的や意味を説明する言葉をはさむ、という方法だ。

それに対し、これから共有認識のプールに入れようとしている事柄が、相手に一抹の不安を引き起こすおそれがあるとわかっている場合がある。こんなときには「コントラスト化」を使い、安全性を強化すれば、相手が沈黙や暴力に向かうこともなくなる。

「あなたが時間をかけて、わが社の小切手帳の収支を合わせ、最新の状態にしてくれていることを評価していないわけじゃない。あなたの仕事ぶりには感謝している。私にはとうてい、あなたほどの仕事はできない。ただ、あの新しい電子バンキングシステムをどう利用しているのか少々気になってね」

相手が誤解し、その誤解がもとで口論になりそうなときには、そこで立ち止まって「コントラスト化」を利用してほしい。自分にそんなつもりはないことを説明し、相手が安心したら、話し合いに戻ればいい。何よりも安全性が第一だ。

試してみよう

ここで練習をしてみよう。以下の事例を読み、そのような状況でどう「コントラスト化」すればいいかを考えてみてほしい。自分が望んでいないこと、意図していないことと、自分が本当に望んでいること、意図していることとをよく吟味し、相手を安心させられるような言葉でそれを表現しよう。

腹を立てたルームメイト　冷蔵庫のあなたの棚に、ルームメイトのものが置いてある。そこであなたは、自分のものは自分の棚に置いてと頼んだ。あなたにとっては大したことではない。ただスペースを公平に使おうと言っただけだ。それ以上の意味はない。ルームメイトのことはとても気に入っている。だがそのルームメイトは、こんな言葉を返してきた。「ほら、また私のやり方に口を出そうとする。掃除機の袋を変えただけで、私の部屋に飛び込んできて説教するんだから」

この場合にどう「コントラスト化」すればいいか考えてみよう。

意図していないこと　（記入欄）＿＿＿＿＿＿＿＿

意図していること　（記入欄）＿＿＿＿＿＿＿＿

気難しい従業員　あなたの同僚のジェイコブは、誰かが意見しようとすると、すぐにかっとなる。昨日、ある同僚がジェイコブに、ランチルームを使ったあとはきれいにしておいてと言うと（誰もがそうしている）、ジェイコブはかっとなった。そこであなたは、ジェイコブと話をすることにした。だが、彼に意見すれば、いつもどおり腹を立ててしまうに決まっている。気をつけて話をしなければならない。その場にふさわしい口調で、慎重に事情を説明する必要がある。あなたはジェイコブのことがとても気に入っている。ほかの従業員もそうだ。ユーモアのセンスがあり、誰よりも有能で、まじめに仕事もする。これほど怒りっぽくなければ文句はないのに。

この場合にどう「コントラスト化」すればいいか考えてみよう。

意図していないこと

意図していること

チャットの好きなおい　一〇代のおいが、あなたの家に引っ越してきた。あなたの兄にあたる父親が死亡し、母親一人では面倒を見きれなくなったからだ。おいはあなたと仲良く暮らしているが、一つだけ気になることがある。悪い仲間とつき合うようになり、毎日何時間もオンラインのチャットで話をしているのだ。あなたは、おいがきちんとした生活を築けなくなるのではないかと心配になる。自分に害があるわけではないが、おいには今後のことをもっとよく考えてほしい。そこでおいに、オンラインのチャットに費やす時間を減らしてはどうかと忠告すると、おいはあわててこう言った。「ぼくを施設になんか送らないで！　きちんとするから！　約束する。パソコンはもうやめる。だから追い出さないで！」

この場合にどう「コントラスト化」すればいいか考えてみよう。

意図していること

意図していないこと

共通の目的を創り出す

さらにもう一つスキルを紹介しよう。明らかに双方の目的が異なるために、話し合いが言い争いになってしまうことがある。この場合、双方の間に誤解はない。そのため「コントラスト化」も効果がない。さらに徹底した方策が必要になる。

たとえば、あなたに昇進が打診されたとしよう。その昇進を受ければ、出世も早まるうえ、多大な権限も手に入る。引っ越しというマイナス面はあるが、それを差し引いても余りある給与がもらえる。だが、引っ越しは問題だった。家族を連れて遠くへ引っ越さなければならないが、妻や子供たちは現在住んでいる場所を気に入っている。

あなたは、引っ越すべきかどうかで妻が悩むのではないかと思ったが、昇進の話をすると、妻は一も二もなく反対した。妻から見れば、昇進には悪いことしかなかった。第一に、引っ越さなければならない。第二に、労働時間が長くなる。給与や権限が増えても、失われる夫婦の時間をそれで補えるとは思えない。それではどうすればいいのか？

会話がまったくできない人は、この問題を無視して強引に話を進めてしまうか、自分は何も主張せずに妻の好きなようにさせる。強制か服従のどちらかである。いずれの戦略にせよ、勝者と敗者が生まれ、話し合いを終えたあとも問題が長く尾を引くことになる。

会話がある程度できる人は、すぐに妥協へと進む。たとえば、家族を二つの世帯に分ける。夫の単身世帯と、現在住んでいる場所に残る家族の世帯である。だがこんな状態を心から望む家族はいないだろう。はっきり言ってしまえば、これは離婚という重大な問題を引き起こしかねない、きわめて危険な解決策だ。妥協が必要なときもあるが、会話に長けた人はもっといい方法を知っている。

会話にこのうえなく長けた人は、四つのスキルを使って「共通の目的」を創り出す。この四つのスキルは、それぞれの頭文字を取って「ＣＲＩＢ〔「虎の巻」を意味する〕」と覚えるといい。以下でその説明をしよう。

共通の目的を探すことを約束する（Commit to Seek Mutual Purpose）

大半の会話スキルにあてはまることだが、会話に戻るには「本音を探る」ことが重要だ。この場合で言えば、双方が同意することに同意するということになる。話し合いを成功させるためには、沈黙や暴力を使ってこちらの意見を相手に押しつけてはいけない。また、「共通の目的」があるようなふりをして、にせの会話をする（相手があきらめるまで、穏やかに自分の立場を主張し続ける）のもいけない。双方共通の目的にかなう解決策を考案するまで話し合いを続けることを約束し、「本音を探る」のである。

これは一筋縄ではいかない。言い争いをやめるには、自分の選択が唯一にして絶対的なものであり、自分の望みどおりにならなければ気がすまないという考え方をやめなければならない。そして、もしかしたら誰をも満足させる第三の選択肢があるかもしれないという可能性に、心を開く必要がある。

また、相手がこちらに勝とうとしているように見えるときでも、「共通の目的」を探すという約束を積極的に言葉で表現するようにしなければならない。相手が沈黙や暴力にとらわれているのは、不安を感じているからだ。「共通の目的」を見つけるために努力することを表明し、安心感を高めれば、相手も実のある会話ができると確信できる。

話し合いが意地の張り合いになったときには、簡単だが驚くべき力を持つこのスキルを試してほしい。言い争いの内容から一歩身を引き、相手を安心させるのだ。ただ、こう言えばいい。「どうやらお互いに自分の意見を押しつけ合っているだけのようだ。しかし私は、双方が満足できる解決策が見つかるまで、この話し合いを続けると約束する」。そして、この言葉で相手が安心したかどうかを確認してほしい。

戦略の真の目的を認識する（Recognize the Purpose Behind the Strategy）

「共通の目的」を見つけるのは、話し合いの第一ステップとしては重要だ。しかし、こうしたいという希望だけではどうにもならない。目的が変わったのなら、戦略も変える必要がある。話し合いが行き詰まるのは、こちらと相手で要求が異なるからだ。だが、表面的な要求と本当の望みを混同していると、いつまでたっても行き詰まりから脱け出せない。実際のところ、表面的な要求というのは、本当の望みを達成するための戦略（目的達成のための具体的な方法）に過ぎない。私たちはよく、望みや目的を戦略と混同する。そこに問題がある。

たとえば、夫が仕事から帰宅し、映画を見に行きたいと言ったとしよう。だが妻は、家でゆっくりしたいと言う。そこで二人の言い争いになる。映画に行く、テレビ、映画に行く、読書……。外出しながら家にいることはできないので、二人はこの意見の相違を永久に解決できないと思い込んでしまう。

だがこのような場合、相手に「なぜそうしたいの？」と尋ねれば、突破口が開ける。この事例で言えば、こう聞けばいい。

「きみはなぜ家にいたいの？」

「あちこち走りまわって市の面倒な問題を処理したから、くたくたなの」

「じゃあ、静かに休みたいってこと？」

「そうね。あなたはなぜ映画を見に行きたいの？」

「子供たち抜きできみとしばらく過ごしたいんだ」

双方が「共通の目的」に同意するためには、まず双方の本当の目的を知らなければならない。話の中に現れるのは、主に戦略だ。だから、話の内容から一歩身を引き、その背後にある真の目的を探ろう。

戦略と目的を区別すると、新たな選択肢が可能になる。戦略にこだわるのをやめ、真の目的に目を向ければ、視野が広がり、双方のためになる代替案が見つかるかもしれない。

「きみは安らぎが欲しい。ぼくはきみと二人きりの時間が欲しい。それなら、二人きりで安らぎが感じられるようなことであれば、二人とも満足できる。違う?」

「そのとおりね。じゃあ、二人で渓谷にドライブに行くっていうのはどう?」

共通の目的を考案する（Invent a Mutual Purpose）

確かに、相手の戦略の背後にある真の目的を認識すれば、双方が満足できる目的が見つかる場合もある。そういうときには、そこから共通の戦略を見つければいい。だが、双方が満足できる目的が常に運よく見つかるとは限らない。たとえば、相手が犠牲にならなければ、こちらの本当の望みや目的をかなえられないという場合だ。これでは「共通の目的」は見つけられない。こんなときには、自ら「共通の目的」を考案する必要がある。

「共通の目的」を考案するには、目的をより幅広く考えよう。そして、さまざまな立場の人を分裂させるような目的ではなく、できるだけ満足感が得られる有意義な目的を探すことだ。たとえば、夫が昇進を受け入れるべきかどうかで夫婦の意見が分かれたとしても、出世よりも夫婦の関係や子供たちとの関係を大切にしたいという点では、夫婦の意見が一致するかもしれない。より高い目的、より長期的な目的に目を向ければ、短期的な妥協を乗り越え、「共通の目的」を考案し、会話に戻ることができる場合が多い。

新しい戦略をブレインストームする（Brainstorm New Strategies）

誰もが共有できる目的を見出し、安全性を確保すれば、安心して話の内容に戻れるはずだ。会話に戻ったら、次は当事者全員の要求に応えられる戦略をブレインストームしよう。誰もが賛同できる選択肢を見つけることを約束し、本当の望みを明らかにした今となっては、もはや非生産的な口論にエネルギーを費やすこともない。当事者全員のためになる選択肢を探すことに専念しよう。

新たな選択肢を見つけるには、判断を保留し、これまでとは違った視点で考えることだ。引っ越ししなくても出世できる仕事はないか？　この会社のこの仕事しか、自分が満足できる仕事はないのか？　この新しい仕事のために、引っ越しが本当に必要なのか？　家族に同程度の満足感を与えられる街がほかにないか？　自ら進んで創造力を発揮しなければ、お互いに納得のいく選択肢を協力して考え出すことはできない。積極的に創造力を発揮すれば、可能性は無限にある。

共通の目的を創り出す

まとめよう。相手と話が食い違うと感じたときには、以下のことを試してみよう。まず、口論の内容から一歩身を引き、誰が何を考えているのかということばかりに意識を集中するのをやめる。そして「共通の目的」を創り出す。

・**共通の目的を探すことを約束する**　誰もが満足できる選択肢を見つけるまで話し合いを続けると、こちらから言葉に出して約束する。

「これではらちが明かない。あなたのチームは、遅くまで残業して今日中に仕事を終わらせると言っている。一方、私のチームは、今日はもう帰宅して週末に出勤することを望んでいる。誰もが満足できる選択肢を見つけられないか考えてみよう」

・**戦略の真の目的を認識する**　相手がなぜそれを要求しているのかを尋ねる。相手の要求とその目的とを分ける。

「どうして土曜日に出勤するのが嫌なんだ？　こちらのチームはみな疲れており、安全や品質の問題が心配だ。なぜ今日残業するほうがいい？」

・共通の目的を考案する　当事者全員の目的を明らかにしても、まだ意見が一致しないときには、より高い目的やより長期的な目的を考案できないか考える。一方しか満足できない目的ではなく、誰もがやる気になるような目的である。

「私はここで勝者と敗者を作るようなまねはしたくない。一方のチームが他方のチームに不満を感じないような選択肢を見つけられれば、それがいちばんいい。以前、投票やコインの裏表で決めたことがあったが、負けたほうは勝ったほうに反感を抱いていた。お互いに対する気持ちが悪化するのが何より心配なんだ。だから、どんな選択肢を選ぶにせよ、この職場での人間関係を分裂させないようにしよう」

・新しい戦略をブレインストームする　明確な「共通の目的」があれば、誰もが満足できる解決策を協力して探せる。

「つまり、安全や品質を犠牲にすることなく、土曜日の午後にあなたのチームのメンバーが同僚の結婚式に出席できるような選択肢を見つければいい。私のチームのメンバーは、土曜の午前中に試合がある。だから、あなたのチームが土曜日の午前から午後過ぎまで働き、試合を終えて出勤した私のチームがそのあとを引き継ぐことにしたらどうだろう？　そうすれば……」

メアリーとジョンの事例を解決する

最後に、本章の冒頭で取り上げた事例に戻ろう。メアリーはジョンと会話をしようとしている。クルーシャル・カンバセーションで相手を安心させるために、メアリーがどう話を進めていくのか見ていこう。まずは、自分の目的が誤解されるのを防ぐため、「コントラスト化」を利用する。

メアリー　ジョン、注文の取り消しの問題についてあなたと話がしたいの。でも、あなたを困らせたいわけでも、あなたが悪いと言いたいわけでもない。あなたと同じように私にも問題があることはわかっている。二人にとってよい結果になるような話し合いがしたいの。

ジョン　何を話すことがあるの？　きみが注文を取り消せば、ぼくたちと顧客が困る。でも我慢することにするよ。

メアリー　それほど簡単なことじゃないと思う。あなたが怒って言いがかりをつけるたびにこの問題を解決するのが難しくなるの。
ジョン　そんなふうに思っているのなら、礼儀正しく話をする必要なんてないじゃないか。

ここではメアリーの視点に立って考えることにしよう。話を始めたのは彼女だからだ。もちろん、事態を改善するためにジョンにできることはたくさんある。だがメアリーはジョンではない。彼女はどうすべきなのか？　メアリーはここで、自分が本当に欲しいものに集中する必要がある。それは、二人にとってよい結果になる解決策を見つけることだ。そのため、こちらのやる気をそぐようなジョンの発言に反応してはいけない。むしろ、その背後にある「安全性」の問題に目を向けるべきだ。ジョンはなぜ、話し合いから身を引こうとしているのか？　それには二つの理由がある。

- メアリーから、何もかも自分のせいだと言われているような気がした。
- メアリーはある特定の問題を話題にしているだけなのに、それを自分に対する彼女の気持ちの表れだと思い込んでいる。

そこでメアリーは謝罪し、「コントラスト化」を使ってジョンを安心させる。

メアリー　言い方が悪くてごめんなさい。私の気持ちや行動についてあなたを責めるつもりはないの。それは私の問題だから。この件については、あなたの問題ではなく、私たちの問題だと思ってる。二人の行動が問題を悪化させているんじゃないかな。少なくとも私の行動がそうだったことは認める。

ジョン　ぼくだって悪かったと思う。ときどき怒ったり文句を言ったりするだろ？　あれも、きみを困らせたくてやっていたんだ。謝るよ。

ここで起きたことに注目してほしい。メアリーが安全性の問題に対処し、この話し合いで心から望んでいることに集中し続けたため、ジョンは話し合いに戻った。これは、相手を責めるよりもはるかに効果的だ。

先を続けよう。

ジョン　でも、どう解決すればいいかわからない。ぼくたち営業は、注文を取ってくることで給料をもらっている。この問題を解決するために、取る注文を減らせば、ぼくのチームどころか、この会社がつぶれる可能性だってある。

今や問題は「共通の目的」を探すことにある。ジョンは、自分とメアリーの要求が食い違っており、お互いに満足のいく解決策はないと思っている。だがメアリーは、妥協したり自分の意見を押しつけたりするのではなく、この問題から一歩身を引き、ＣＲＩＢスキルを利用して「共通の目的」を探す。

メアリー　「共通の目的を探すことを約束する」　私たち二人、会社、顧客それぞれが納得できる解決策でないと。

ジョン　ぼくだってできればそうしたいよ。でも、そんな方法を見つけるのは不可能だと思うよ。

（ここでジョンが、いいかげんな態度を改め、会話に参加していることに注目してほしい。「共通の目的」を提案し、相手を安心させたことが功を奏した）

メアリー　「戦略の真の目的を認識する」　そんなことないと思う。あなたはチームや顧客がどうなったらいいと思うの？

ジョン　チームにはきちんとしたボーナスや手当をもらってほしいし、顧客にはうちの商品を買ってもらいたい。きみの希望は？

メアリー　私は、会社の損にならないような価格で原材料を調達し、作った商品を顧客に提供したい。

ジョン　［共通の目的を考案する］　じゃあ、会社が利益を出しつつ顧客の期待に応えられるようにする必要があるということだ。

メアリー　そう、でもできるかな？

ジョン　［新しい戦略をブレインストームする］　原材料の値段を抑えたり商品の値段を調整したりする方法はないだろうか？　それとも、発送が遅れる商品については、顧客に何らかの方法で埋め合わせをするとか……。

Mutual Respect（相互の敬意）

安全性の問題に対処する方法を説明した二つの動画を紹介しよう。第一の動画では、二人の同僚が人事について議論しているときに、話し合いがクルーシャル・カンバセーションになり、安全性が危険にさらされる。この動画を見たあと、これまでに学んだスキルを使い、どう安全性を回復すればいいかを自分で考えてみてほしい。第二の動画では、解決策の一例を紹介している。

動画を視聴するには、www.CrucialConversations.com/exclusive へ。

そんなことはできないという方へ

こうした複雑な言葉のやり取りを読んだ人はまず、こう思うに違いない。「すごい。ここに書いてあることは実際に効果があるんだ！」。だが同時に、こう思うかもしれない。「でも難しい話し合いの最中に、とてもそんなことまで考えられない！」

確かに、こうしたスキルに沿って上記のような台本を作るのは簡単だ。だが、心配しないでほしい。上記の事例はいずれも、空想から生まれたわけではない。会話に長けた人が実際にそう行動しているのをこの目で見たのだ。彼らは常に、これまでに紹介した事例のように行動している。実際にはあなたも、調子のいいときにはそうしている。

だから、議論が白熱し、感情的になったときには、このように理路整然と考え、手際よく行動しなければならないと考えて、自分を追い込む必要はない。ただ、クルーシャル・カンバセーションになったときに、もう少し理路整然と考えられないか自問してみてほしい。あるいは、事前に準備をしておける場合もある。そんなときは、クルーシャル・カンバセーションが始まる前に、どのスキルがいちばん役に立ちそうかを考えてみるといい。重要な結果を伴う話し合いの場合、わずかな前進が多大な利益を生むこともある。

最後に、きわめて複雑な問題を扱う場合によく言われることだが、完璧を目指してはいけない。これまでよりもよい状態を目指そう。アドレナリンが放出されたときは、まずペースダウンする。そして、これまでに本書で紹介した自分への質問事項を思い出し、目前の問題にいちばん関係があると思う質問を自分に問いかけ、少しずつでもよい方向へ話を進めていってほしい。

私のクルーシャル・カンバセーション――ジェリー・M医師

月曜日、ある女性が私の病院にやって来た。片脚の膝下に血液が十分に行きわたらず、痛みを訴えていたので、その日のうちに血管バイパス手術を行った。女性はミシシッピ州に住んでおり、この病院があるメンフィスまで二時間もかけて来たという。担当の外科医の手術は手際よく、結果は良好だった。翌日になると、脚のひどい痛みが消え、患者は夫とともに手術の成功を喜んだ。

担当のケースマネジャー〔手術や入院の判断・管理の担当者〕と医師はとりあえず、何も問題がなければ、患者を木曜日の午後に退院させることで合意していた。患者は順調に回復したので、ケースマネジャーは木曜日退院の手続きを取った。

木曜日の午前、ケースマネジャーは患者の夫に、妻を迎えに来るよう連絡した。だがそのあとになって、担当医師がこんなメモを残していたことに気づいた。「患者は順調、足は常温、脈拍は良好、安定している。退院予定は金曜日の午前」

ケースマネジャーはこのメモを見つけると、何とか担当医師と連絡を取ろうとしたが、ようやく連絡がついたのはその日の午後もかなり過ぎてからだった。慌てふためいて医師のオフィスに駆け込むと、医師はそっけなく言った。「退院の前に患者に会って指示を与えなければならないのですが、これから外出して明日まで帰ってこられませんので、今日は退院させられません。以上です」

午後三時ごろ、ケースマネジャーが私に助けを求めてきた。私はすぐに医師に連絡し、まず手術の成功を称え、支援を申し出た。そして、患者の夫が二時間かけて迎えに来ており、患者はもう退院の準備をしていると説明した。

私は、この夫婦に電話で指示を与えながら書類を作成してはどうかと提案した。しかし医師は「いや、患者を実際に診ないといけないんです。でも、病院には明日まで戻れませんし」と言い張るばかりだ。やがて医師は、自分の立場を守ろうとでもするように声を荒げた。「そこまで食い下がるなんて、保険会社にけしかけられでもしたんですか？　なぜ無理強いするんです？」

驚いた私は、「コントラスト化」のスキルを思い出し、それを使って応じることにした。「正直に言って、誰が医療費を払うのかは知りません。これは保険会社とは関係ありません。患者とその家族の要求に応えられるかどうかということです。患者もそのご家族も、手術の成功を喜んでいました。あなたが奇跡を起こしたと思っています。そのご夫婦は、もう家に帰れると言われました。ここで退院を取り消せば、これまでのすばらしい入院体験が台なしになってしまうかもしれません」

医師は少し悩むような態度を示してから言った。「しばらくしたら帰ると患者に伝えてください。七時には戻りますから」

こうして私たちは合意に達した。私は、医師が夜にわざわざ戻ってきて直接指示を与えてくれることを患者に伝えると約束した。その日の夜、医師は病院に戻ってきて、患者を退院させた。患者は不快な思いをすることなく病院を去った。

医療の現場では、正真正銘のクルーシャル・カンバセーションが絶えず起こる。この話し合いが成功したのは、私が中心的な二つのルールに従ったからだ。「共通の目的」と「相互の敬意」である。

——ジェリー・M医師

まとめ——安心させる

一歩身を引く

相手が沈黙や暴力に向かうときには、話し合いから一歩身を引き、相手を「安心させる」。安全性が回復したら、当の問題に戻って会話を続けよう。

安全性の二つの条件のどちらが危険にさらされているかを判断する

- 共通の目的　相手はこの話し合いの中で、自分の目的が尊重されていると思っているか？　相手は、こちらの動機を信頼しているか？
- 相互の敬意　相手は、自分に敬意が払われていると思っているか？

謝罪すべきときは謝罪する　自分が明らかに敬意を欠いた行為をしたときは、謝罪する。

コントラスト化して誤解を正す　相手がこちらの目的や意図を誤解していたら、「コントラスト化」を使う。まずは自分が意図していないことを、次に自分が意図していることを説明しよう。

共通の目的を創り出す

意見に食い違いがあるときは、四つのスキルを使って「共通の目的」に立ち返る。

- Commit：共通の目的を探すことを約束する。
- Recognize：戦略の真の目的を認識する。
- Invent：共通の目的を考案する。
- Brainstorm：新しい戦略をブレインストームする。

6

新しいストーリーを創る
——怒り、怯え、痛みを感じたときに会話を続けるには

重要なのは、いかにゲームを動かしているかではなく、いかにゲームに動かされているかを知ることだ。

本章では、クルーシャル・カンバセーションを自在に操るための方法として、自分の感情をどうコントロールすればいいかを説明する。自分の感情を支配できれば、これまでに学んだツールもずっと利用しやすくなる。

あいつがぼくを怒らせたんだ！

「あいつがぼくを怒らせたんだ！」という言葉を何度聞いたことがあるだろう？　あるいは、何度言ったことがあるだろう？　たとえば、あなたが家で静かにテレビを見ていると、同居している妻の母親が入ってくる。母親はあたりを見まわし、あなたが先ほどナチョスを作ったときに散らかしっぱなしにした台所を片づけ始める。それを見てあなたはいらいらする。母親はいつも、すまし顔で歩きまわって家の中をチェックしては、あなたのことをずぼらな人間だと思っている。

それからしばらくして、妻が何をそんなにいらいらしているのかと尋ねるので、あなたは説明する。「また、きみのお母さんだよ。ぼくがここで横になってくつろいでいたら、お母さんがあんな目で見るから、頭に来ちゃったんだ。はっきり言って、あれはやめてほしいよ。唯一の休日なんだ。それなのに、ゆっくりしているところへお母さんが入ってきて、ぼくを怒らせるんだ」

すると妻が尋ねた。「お母さんが？　あなたが勝手に怒ってるんじゃなくて？」

おもしろい質問だ。

確かなことが一つある。誰が自分を怒らせるかはともかく、世の中にはほかの人より怒りっぽい人がいる。そういう人は、ほかの人が怒らないようなことにも怒る。なぜなのだろう？　たとえば、辛辣な意見にも臆することなく耳を傾けられる人もいれば、あごにサルサソースがついていると教えてあげただけでかんかんに怒る人もいる。同じ人間でも、言葉の暴力を顔色一つ変えず受け止められるときもあれば、誰かに横目でちらっと見られただけで腹を立てるときもある。そこにはどんな理由があるのだろう？

感情は理由なく生まれない

この疑問に答えるにあたり、まずは大胆とも言える二つの主張を提示しよう。これらの主張はあまり受け入れられないかもしれないが、とりあえず以下に記し、その背後にある論理を説明していこう。

主張一　感情は、霧のように降りてくるものではない。ほかの人から押しつけられるものでもない。こう主張して読者がどう思うかわからないが、あなたを怒らせるのは他人ではない。あなた自身だ。怯えも、苛立ちも、侮辱も、自分が自分にそう感じさせているのである。自分の感情を生み出すのは自分であり、自分しかいない。

主張二　苛立ちの感情が生まれたとき、その人には二つの選択肢しかない。その感情を支配するか、その感情に支配されるかだ。つまり、強い感情に対しては、それをコントロールする手だてを見つけるか、その奴隷になるしかない。
以下の事例で、上記の内容を検証してみよう。

マリアのストーリー

コピーライターのマリアは現在、あるきわめて強い感情に支配されている。つい先ほど彼女は、同僚のルイスとともに上司と会議を開き、ある企画の最新案を検討した。その際、事前の話では、ルイスとマリアが一緒に最新案を発表することになっていた。ところが実際の会議では、マリアが一息入れたとたん、ルイスが発表を引き継ぎ、一緒に考えた案の内容をほとんどすべて一人で話してしまった。上司がマリアに意見を求めても、彼女にはもう何も言うことはなかった。

マリアはこの企画のプロジェクトを通じて、いつも屈辱や憤懣を感じている。第一に、二人の提案はいつもルイスが上司に持っていき、彼女なしで話をしていた。第二に、二人が上司と会議を開くときには、ルイスがいつも一人で発表していた。そのためマリアは、自分がチームで唯一の女だから軽視されているのだと思っている。

マリアは「男性優位」の考え方にうんざりしている。しかしどうすればいい？「すぐに怒る」女だとは思われたくない。だからたいていは何も文句を言わず仕事をしている。

自分を主張するにしても、せいぜい、ときどき自分の扱われ方について皮肉を述べることがある程度だ。

「わかりました。そのファイルを印刷すればいいんですね。ついでにコーヒーをいれて、ケーキも焼きましょうか？」。彼女はそうぼやき、あきれた表情をしながら部屋を出ていく。

一方ルイスは、マリアの皮肉や嫌みに困惑している。マリアが苛立っている理由がわからない。そのため今では、自分のあらゆる行動に反感を抱き、つんつんした態度を取る彼女に嫌悪感を抱きつつある。結果的に、二人で一緒に仕事をするときには、ぴりぴりと張り詰めた雰囲気になる。

マリアを怒らせているのは何か？

会話がまったくできない人は、マリアと同じ罠に陥る。マリアは、自分の危険な思い込みにまったく気づいていない。自分が軽視されていることに腹を立て、職場で「だんまり」を決め込んでいる。そして、この自分の感情や態度以外に、理にかなった正しい反応はないと思い込んでいる。自分のような立場にあれば、誰でも同じように感じ、同じように行動すると確信しているのだ。

そこに問題がある。マリアは自分の感情を、唯一妥当な反応であるかのように考えている。それが適切でもっともな感情だという思い込みがあるため、その感情を改めようとしないばかりか、疑問視さえしない。そもそもマリアは、ルイスがそのような感情を引き起こしたと思っている。その結果、感情に突き動かされた行動を取る（何も言わない、嫌みを言う）。感情を支配しなければ、感情に支配される。彼女は感情に従って行動し、ルイスとの関係を悪化させているのである。このように、会話がまったくできない人は感情のとりこになり、それに気づきさえしない。

一方、会話がある程度できる人は、感情を抑えなければ事態が悪化することに気づく。そこで、ほかのことを試す。そんな感情を持っていないふりをするのだ。感情を抑え、会話に戻ろうと最善を尽くす。少なくとも、試しにそうしてみる。

だがあいにく、いくら感情を抑えても、クルーシャル・カンバセーションで厳しい局面に立つと、抑圧した感情が姿を現す。それは、固く結んだ口の動きや皮肉なコメントとして表れる。すると会話が成り立たなくなる。あるいは、恐れや不安から本当の気持ちを言えなくなる。最初から本当の気持ちに目をつぶっているため、それが共有認識のプールに入ることはない。いずれにせよ感情は、隠しておいた場所からそっと抜け出し、話し合いの中にひそかに入り込む。それは決して心地よい感情ではないため、間違いなく会話を台なしにしてしまう。

それに対し、会話にこのうえなく長けた人は、まったく違う行動を取る。感情のとりこになることもなく、感情を隠したり抑えたりもしない。そうではなく、自分の感情に働きかける。つまり、強い感情を抱いたら、それについて徹底的に考えることで、感情を支配する（改める場合が多い）。その結果、自分が抱く感情を自由に選び、よい結果につながる行動を選択できるようになる。

それを実行するのは、もちろん口で言うほど簡単ではない。自分を見つめ直し、感情的で危険な状態から、自分をコントロールできる状態にもっていくのは難しい。だが、できないわけではない。いや、そうすべきなのだ。

マリアはどこから始めればいいのか？　自分を見つめ直し、感情をコントロールできるようにするために、まずは感情がなぜ生まれるのかを考えてみよう。その際、あるモデルを使って考えると、自分の感情を吟味してコントロールすることが容易になる。

マリアの場合を考えてみよう。彼女はルイスの態度を不快に思っているが、ルイスに何か言えば、すぐに感情的になる女だと思われるのが嫌で、感情を抑えたり（避ける）嫌みを言ったり（覆い隠す）している。

図表6-1に示したように、マリアの行動は感情から生まれている。まず感情があり、それから行動がある。非常にわかりやすい。だがここで疑問がわく。そもそもマリアの感情はなぜ生まれたのか？

それはルイスの態度のせいなのか？　義理の母親の行動に腹を立てるナチョスの男と同

図表6-1　感情が行動を引き起こす仕組み

じように、マリアに屈辱的で不愉快な思いをさせたのはルイスなのか？　確かにマリアは、ルイスの行動を見聞きし、そこから感情を生み出し、「避ける」や「覆い隠す」という形でその感情を行動に表した。

だが、ここで重要な質問をしたい。ルイスの行動とマリアの感情との間に何があったのか？　他人の行動が自分にある感情を引き起こすまでの間に、何らかのステップがあるのか？　それがなければ、自分の感情は他人が生み出すことになる。

ストーリーが感情を生み出す

実際のところ、他人の行動と自分の感情との間には、あるステップが存在する。この中間のステップは、どんな場合でも必ずある。行動そのものが感情的な反応を引き起こすことはできない。だからこそ、まったく同じ状況に直面しても、それに対する感情的な反応は十人十色なのだ。たとえば、ルイスと一緒に働いて、侮辱を感じ

図表 6-2　行動へのプロセス

る人もいれば、ただ好奇心を覚えるだけの人もいる。腹を立てる人も、不安を感じる人も、共感を抱く人もいる。

　では、その中間のステップとは何なのか？　私たちは、他人の行動を見聞きしたあと、それについて何らかの感情を抱く前に、自分でストーリーを創っている。見聞きした他人の行動に意味をつけ加えるのである。まずは、その行動を起こした動機を推測する。あの人はどうしてそんなことをしたのか？　それから、自分の判断を追加する。それはいいことなのか、悪いことなのか？　そして、こうした思考やストーリーをもとに、感情を生み出す。

　これを図で示すと図表6‐2のようになる。筆者はこのモデルを「行動へのプロセス」と呼んでいる。感情や思考、経験から行動に至る仕組みを説明しているからだ。

　ここでは、モデルに「ストーリーを創る」を追加した点に注目してほしい。私たちは、見聞きしたあとでストーリーを創ることで、感情を抱く。この追加でモデルがやや複雑になったが、それとともに希望も生まれた。ストーリーを創るのは自分だけだ。ということは、違うストーリーを創れば、感情をコントロールできる。そこが重要なポイントだ。ストーリーを考え直したり創り変えたりしてコントロールできるようになれば、感情を意のままに制御し、クルーシャル・カンバセーションをマスターできる。

私たちが創るストーリー

この世のものに善悪なんてない。考えるから善悪が生まれる。
——ウィリアム・シェークスピア

ストーリーは見聞きしたことを論理的に解釈したもの　ストーリーとは、事実に対する解釈のことだ。私たちはストーリーを通じて、見聞きしたものを理解する。「なぜそうなのか」、「どう判断すべきか」を考え、「何をすればいいか」を明らかにするのである。たとえばマリアは、まず自分にこう尋ねる。「なぜルイスは私の発表を勝手に引き継いでしまうんだろう？　私のコミュニケーション能力を信用していないんだ。私は女だから、私の言うことなど誰も聞いてくれないと思っている」

さらに、その内容をどう判断すればいいかを考える。「これをどう判断すればいいだろう？　これはいいことなのか、悪いことなのか？　ルイスは私を無能だと思っている。それなら悪いことだ」

そして最後に、何をすればいいかを考える。「この問題についてどうすればいいだろう？何かを言えば、愚痴っぽいとか、すぐ感情的になるとか、攻撃的だと思われる。だったら黙っていたほうがいい」

言うまでもないことだが、ストーリーを創り出すとすぐに、それに体が反応して強い感情や気持ちが生まれる。感情は、正しいか間違っているか、よいか悪いか、利他的か利己的か、公正か不公正か、といった判断と直接結びついているからだ。マリアのストーリーは、怒りや不満を生む。その感情がマリアに、ときどき皮肉や嫌みを言っては黙り込むという行動を引き起こすのである（図表6‐3参照）。

ストーリーは無意識のうちに創られる　感情を引き起こすのは、自分が創るストーリーであって他人の行動ではない。だが、講習会でそう教えると、必ず誰かが手を挙げてこう言う。「ちょっと待ってくれ。私は自分がストーリーを創っているとは思えない。プレゼンの最中にあの男に笑われたときには、ただ怒りを感じた。感情が先だったよ。考えたのはそのあとだ」

私たちは一般的に、ストーリーをあっという間に創る。危険にさらされているときには、一瞬のうちにストーリーを創るため、そんなことが行われているとは気づかない。それが

図表 6-3　マリアの行動へのプロセス

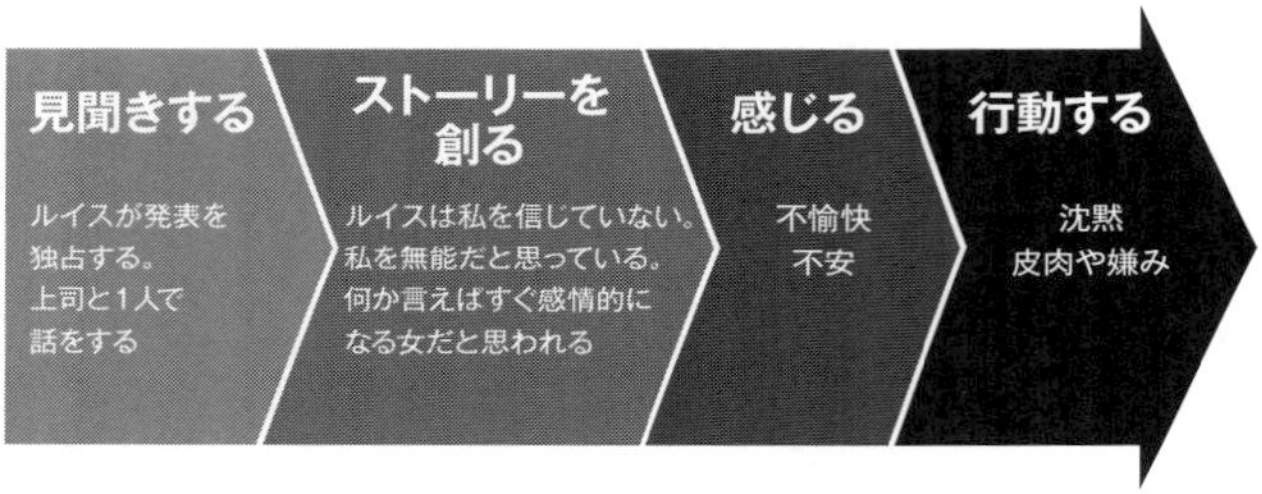

うそだと思うのなら、自分が誰かに笑われたときに、いつも腹を立てるかどうか考えてみてほしい。腹を立てる場合も腹を立てない場合もあるのなら、その反応は相手の行為と直接結びついたものではない。つまり、他人が笑う行為から自分の感情が生まれるまでの間に、何かが行われている。その何かが、ストーリー創りなのだ。記憶になくても、私たちは常にストーリーを創っている。

どんな事実からでもストーリーは無限に創れる　ストーリーは事実の解釈でしかなく、いくらでも異なる解釈が可能である。たとえばマリアの場合、マリアがそのプロジェクトにこだわっていることにルイスが気づいていないのだと解釈することもできる。ルイスは自分を取るに足りない存在だと感じており、こうして自分の価値を示そうとしているのだと解釈することも可能だ。あるいは、ルイスは以前、あるプロジェクトの細部にまで携わることができず、苦々しい思いをしたことがあったのかもしれない。これらのストーリーはいずれも事実に合致しているが、まったく異なる感情を生み出す。

ストーリーをコントロールすれば、ストーリーにコントロールされない　会話に長けた人は、クルーシャル・カンバセーションの最中に自分の感情をコントロールできる。それは、彼らが以下の点をよく認識しているからだ。私たちは本来、ストーリーをコントロールする立場にある。ストーリーは、私たちが自発的に創り出すものだ。だが、いったんストーリーが創られると、私たちはストーリーにコントロールされてしまう。ストーリーはまず感情を、次いで行動をコントロールする。そのため、クルーシャル・カンバセーションの結果もそれに左右される。

しかし、この流れに逆らえないわけではない。別のストーリーを創り出し、流れを変えることもできる。逆に言えば、別のストーリーを創らなければ、流れは変えられない。

クルーシャル・カンバセーションからよい結果を導き出したいのであれば、たとえ口論のさなかであったとしても、自分が創ったストーリーを変えなければならない。

新しいストーリーを創るスキル

別のストーリーを効果的に創り出すには、どうすればいいのか？　会話にこのうえなく長けた人は、まずは気を落ち着け、「行動へのプロセス」に目を向ける。以下で具体的に説明しよう。

行動へのプロセスをさかのぼる

あっという間に行われるストーリー創りのプロセスを遅らせ、それに伴うアドレナリンの放出を抑えるには、「行動へのプロセス」を一項目ずつさかのぼっていくといい。ここでは少々頭を働かせる必要がある。いったん現在の行動をやめ、その行動の理由を探っていくのである。以下の手順で、プロセスをさかのぼってみよう。

●**行動する　自分の行動に気づく。**

自分は何らかの沈黙や暴力に陥っていないか？

●**感じる　自分の感情を明らかにする。**

そんなふうに行動したのはどんな感情のせいなのか？

●**ストーリーを創る　ストーリーを分析する。**

その感情は、どんなストーリーから生まれたのか？

●**見聞きする　事実に戻る。**

そのストーリーを裏づけるどんな事実があったのか？

一項目ずつさかのぼってプロセスを見直せば、各項目を検討し、疑問視し、改めることもできる。

自分の行動に気づく

そもそも、なぜここで立ち止まり、「行動へのプロセス」をさかのぼるのか？　いちいち現在の行動をやめて、その背後にある考えや動機を探っていたら、靴をはくにも膨大な時間がかかる。それでは分析中毒で死んでしまう。

実際には、常に立ち止まって自分の行動を疑問視する必要はない。「観察」（第4章を参照）し、自分が沈黙や暴力に陥っていることに気づいたら、そのときに立ち止まってプロセスを吟味すればいい。

しかし、ただ観察するだけでは十分ではない。自分の行動を正直な目で観察することが重要だ。暴力的な行動を取るしかないというストーリーを創ってしまえば、自分の行動を考え直そうとは思わない。「相手が始めたんだ」という考えに飛びつくなど、自分の行動を正当化してしまえば、態度を改める必要性を感じなくなる。このように、立ち止まって自分の行動を見直すのではなく、自分や他人に対して自分の行動を正当化するために時間を割いてしまう場合がある。

役に立たないストーリーにより沈黙や暴力に追いやられている場合には、いったん立ち止まって、自分の行動が他人の目にどう映っているかを考えてみてほしい。たとえば、ドキュメンタリー番組「60ミニッツ」でこのシーンが全国系の放送局で放送されたら、あなたはどう見えるだろう？　視聴者はあなたの行動について何と言うだろう？

クルーシャル・カンバセーションに長けた人は、自分が沈黙や暴力に陥っているときに、それに気づくだけではない。それを素直に認めることができる。そして、そこで自信を失うのではなく、問題を認識して修正行動を始める。会話を台なしにしていることに気づいた瞬間、「行動へのプロセス」を見直すのである。

自分の感情を明らかにする

会話がうまい人は、「行動へのプロセス」の見直しを始め、自分の不健全な行動に気づくと、ただちに自分の気持ちや感情の探求にとりかかる。この作業は一見すると簡単に見える。「私は怒っている！」と心の中で考える。これほど簡単なことがあるだろうか？

だが実際には、自分の感情を特定するのは想像以上に難しい。自分の感情を正確に読み解けない人は多い。こうした人は、現在の感情を表現するよう求められると、「不愉快だ」とか「腹が立つ」とか「恐い」といった言葉を使う。それが現在の感情を正確に表現しているのであれば問題はないが、実際にはそうでない場合が多い。たとえば、驚いたという気持ちとばつの悪い思いが混じり合っているだけなのに、それを「腹が立つ」と言うことがある。傷つけられたと感じているときに「悲しい」と言う場合もある。だまされて恥をかいたと感じているときに、「気分を害した」と言うこともあるだろう。

言葉づかいのテストがあるわけでもないのに、そんな言葉にどんな違いがあるのかと思うかもしれない。だが言葉は重要だ。自分の本当の気持ちがわかれば、何が起きているのか、なぜそうなのかをより正確に見きわめることができる。たとえば、ただ腹を立てているのではなく、驚いた気持ちとばつの悪い思いが混じり合っていることに気づいたほうが、自分が創ったストーリーを正直な目で見られる可能性が大幅に増す。

ここで自分について考えてみてほしい。強い感情を経験したとき、あなたは立ち止まって自分の感情について考えているだろうか？　そのとき、豊かな語彙を使っているか？「がっかりした」とか「むかつく」といったなじみの言葉に頼っていないか？　また、自分の感情について他人と率直な話をしているか？　自分の心の内を、進んで夫や妻や恋人に話しているか？　そんな話のときに、間違いなく正しい言葉を使っているか？

自分の感情を明らかにするのは、きわめて重要な作業だ。そのためには、自分の感情を表す語彙を広げる必要がある。

ストーリーを分析する

自分の感情とストーリーを疑問視する　自分の気持ちや感情を特定したら、そこで立ち止まってこう尋ねてほしい。状況から判断して、それは正しい感情なのか？　これはつまり、自分は正しいストーリーを創っているのか、ということだ。感情はストーリーから生まれるが、そのストーリーは自分が創り出したものでしかない。

感情をコントロールする第一のステップは、このような状況では現在の感情こそが唯一正しい感情なのだという幻想を打ち破ることだ。これはきわめて難しいステップだが、非常に重要な意味を持つ。自分の感情を疑問視すれば、自分が創ったストーリーも疑問視できる。それは、自分のストーリーが正しいという心地よい思い込みを疑うということだ。自分の（真の）感情や、その背後にある（無数に可能な解釈の一つに過ぎない）ストーリーが正しいかどうか、進んで疑うことが大切である。

たとえば、マリアの場合にはどんな事実があっただろう？　マリアは、ルイスが発表をすべて独占してしまうのを見た。また、彼女抜きで上司とルイスがプロジェクトの話をしているのを聞いた。これがマリアの「行動へのプロセス」の始まりだった。

ストーリーと事実を混同しない　自分の創ったストーリーが間違いのない事実だと思い込んでいると、ストーリーを疑問視できない。ストーリーが創られる瞬間にとらわれすぎると、そのストーリーが事実だと思い込んでしまう。だがそれは、事実のような気がするだけだ。実際には主観的な結論なのに、それを確かなデータに裏づけられたものと誤解している。たとえばマリアの場合、逆にストーリーから事実を探し出そうとして、こう言うかもしれない。「あいつは男性優越主義者なんだ。そうに違いない！　私に対するあいつの態度を見たことがある人に聞いてみればいい！」

「あいつは男性優越主義者なんだ」というのは事実ではない。事実に意味を付与するためにマリアが創り上げたストーリーでしかない。事実には、どんな意味でも付与できる。先にも述べたように、マリアとルイスのやり取りを見ていたほかの人が、まったく別のストーリーを創ることもある。

事実に戻る

行動に注目してストーリーと事実を分ける　ストーリーと事実を分けたければ、感情の根本的な原因に立ち返ることだ。自分の考えを、以下の基準に照らして再検討してみるといい。自分が事実と呼んでいることを実際に見聞きしたのか？　相手は実際にそんな行動をとったのか？

たとえば、ルイスが「発表の九五パーセントを行い、一つを除くすべての質問に答えた」のは、具体的で客観的、証明可能な事実である。この会議を見た誰もが、同じことを述べるだろう。しかし、「ルイスは私のことを信頼していない」というのは解釈でしかない。それは自分の「考え」であって、相手の「考え」ではない。解釈は主観的なものだ。

「攻撃的」な言葉をもとにストーリーを見つける　ストーリーと事実との混同を避ける方法がもう一つある。「攻撃的」な言葉に注目するのだ。たとえば、ある事実に対して、

「彼女が私をにらみつけた」とか「彼が嫌みを言った」と言う場合がある。この「にらみつける」や「嫌み」などが、攻撃的な言葉にあたる。こうした言葉は、ある種の判断や評価を表現しており、強い感情を生み出す。これは、ストーリーであって事実ではない。「彼女が私をにらみつけた」ではなく、「彼女は目を細め、口を堅く閉ざした」と言えば、雰囲気は大きく変わる。マリアの場合、ルイスが支配的で、自分に敬意を払っていないと言っていた。しかし、ルイスの行動（たくさん話をした、上司と一対一で会った）に注目し、感情的な表現を排除してみれば、無数の解釈が可能になる。たとえばルイスは、緊張していたり、不安を抱いていたり、自信がなかったりしたのかもしれない。

三つの「こじつけ」のストーリーに気をつける

他人の行動の理由（あるいは自分の行動の理由）を考えるようになると、経験を重ねるにつれ、自分に都合のいい解釈を考えつくのがうまくなっていく。ストーリーが完璧に正しく、自分を健全な方向へ押し進めてくれるのであれば問題はない。だが、ストーリーがまるで正しくなく、現在の自分の行動を正当化しているだけの場合、それで満足してしまい、感情や行動を改めようとは思わなくなる。

私たちをいつもトラブルに巻き込むのは、こうした正しくないストーリーだ。たとえば、あなたが沈黙や暴力に陥ったとしよう。そんなときに、自分の行動を完璧に正当化できるもっともらしい理由を思いつく。「あいつに怒鳴ったのは確かだ。でも、あいつがしたことを見ただろう？　怒鳴られて当然だ」「おい、そんな嫌な目で見るなよ。ほかにどうしようもなかったんだ」。このように想像に任せて作り上げたご都合主義のストーリーを、「こじつけのストーリー」と呼ぶ。これを創り上げると、好ましくない行動をしていても、それに満足してしまう。その行動によりひどい結果になっても、それでいいのだと思ってしまう。

私たちは、自分の愚かな行動を正当化したい、悪い結果を自分のせいにしたくないと思うと、以下に挙げる三つのありきたりな方法でこじつけのストーリーを創りがちだ。それがどんなものかを知り、それに対抗する方法を学べば、自分の感情をコントロールできるようになる。それを知らなければ、自分が陥りやすい感情のとりこになり、大切な瞬間にその感情に押し流されてしまうことだろう。

被害者のストーリー――「私のせいじゃない」

第一のこじつけのストーリーは、「被害者のストーリー」である。「被害者のストーリー」はご想像のとおり、自分を罪のない被害者に仕立て上げる。パターンはいつも同じだ。相手はばかで、間違った、悪い人間であり、自分は優秀で、正しく、よい人間だと見なす。そして、相手が間違ったこと、愚かなことをするから、自分がその被害にあうと主張する。

本当に罪のない被害者もいないわけではない。たとえば、道路で引き留められ、銃を突きつけられて金品を奪われる。こうした事件が起これば、それは残念ながら事実であり、ストーリーではない。この人は正真正銘の被害者である。

しかし、常に加害者・被害者の関係がこれほど明確だとは限らない。クルーシャル・カンバセーションで「被害者のストーリー」を創り上げる人は、当の問題について自分に責任があったとしても、それを意図的に無視する。問題の原因になったかもしれない自分の行動（あるいは怠慢）をうまく避けて、ストーリーを創る。

一例を挙げよう。先週、上司があなたを大きなプロジェクトから外した。それを不愉快に思ったあなたは、周囲に不満を訴えた。だがもちろん、自分が重要なプロジェクトで遅れを出し、上司を窮地に追い込んだことまでは言わなかった。それこそが、あなたがプロジェクトから外された理由なのだが、上司に不愉快な思いをさせられていたので、そのことには触れなかったのだ。

あなたは、自分の「犠牲者のストーリー」を完璧なものにするため、自分には立派な動機があったのだと考える。「標準的な仕様を超えるものを作ろうと努力していたから、時間がかかったんだ」。そして、自分の短所ではなく長所のために不当に扱われたのだと思い込む。「ボスは、細部にまで気配りのできる人間を正しく評価してくれない」（こうしたひねりを加えることで、あなたは単なる被害者から殉死者に格上げされる。思いがけないおまけだ）。

悪党のストーリー――「みんなおまえのせいだ」

第二のこじつけのストーリーは、普通のまともな人間を悪党に仕立て上げることで生まれる。相手を悪者扱いし、相手の悪い点を、まるで自分が世界の善を代表しているかのように吹聴するのである。

たとえば、こんな例が考えられる。品質管理に熱心な上司を「仕切りたがり屋」と表現する。自分が約束を守らなかったのに、それに怒る妻を、融通が利かない頑固者と考える。

「被害者のストーリー」では自分の無実を誇張するが、「悪党のストーリー」では相手の罪や愚かさを過度に強調する。相手は悪質な意図を持って行動しているのだと勝手に考え、実際には何らかの善意や当たり障りのない意図を持っていたとしても、それを無視する。

あるいは、相手はこのうえなく無能だと一方的に判断し、実際には優れたスキルを持っていたとしても、それには目もくれない。こうしたレッテル貼りが、「悪党のストーリー」に共通する手だ。「信じられないよ。またあの能なしがひどい資料を持ってきやがった」。便利なレッテルを貼ってしまえば、相手はもはやまともな人間ではなく、ただの能なしだということになる。

「悪党のストーリー」を使えば、悪い結果を相手のせいにできるだけでなく、「悪党」を相手に好き勝手なことができるようになる。普通の人であればもっと注意して接しなければならないが、能なしであれば侮辱しても暴言を吐いてもかまわない、というわけだ。そして望みの結果が得られないときには、こう主張する。私たちが相手にしている奴らを見てくださいよ、あいつらのせいで結果が出せないんです、と。

ダブル・スタンダードに注意する

「被害者のストーリー」と「悪党のストーリー」に注目し、その不公平な解釈をよく考えてみると、以下のことに気づく。私たちは感情がコントロールできないときに、ひどいダブル・スタンダード（二重基準）を採用しているということだ。自分が過ちを犯したときには、「被害者のストーリー」を創り、こちらには純真な意図しかなかったと主張する。「確かにおれは、仕事で遅くなっても電話しなかった。でも、チームを見捨てるわけにはいかないだろ！」。また、相手がこちらに危害や迷惑をかけたときには、「悪党のストーリー」を創り、相手に悪質な意図があったと勝手に主張したり、こちらの被害に応じて相手の欠点を誇張したりする。「本当に自分勝手ね！遅くなるって電話ぐらいできたでしょうに」

無力な人のストーリー――「ほかにできることはない」

最後は「無力な人のストーリー」だ。このストーリーでは、自分には健全な措置や役に立つ方法を実践するだけの力がないと考える。目前の苦境に健全に対処する方法はないと自分に言い聞かせ、これから取ろうとする行動を正当化する。たとえば、こんな具合だ。「おれが怒鳴りつけなければ、息子は言うことを聞かないだろう」。あるいは、反対の場合も考えられる。「上司にこう言っても、上司は言い訳をするだけだろう。だったら何も言わないほうがいい」。「被害者のストーリー」と「悪党のストーリー」は、過去を見て、自分がこんな状況に置かれている理由を説明する。それに対して「無力な人のストーリー」は、未来を見て、現在の状況を変えるために何もできない理由を説明する。

他人の行動は変えられないと思い込むと、無力な人を演じがちになる。たとえば、ある同僚の女性を「仕切りたがり屋」と決めつけてしまえば（悪党のストーリー）、彼女に意見したいとは思わなくなる。彼女のような仕切りたがり屋は他人の意見に耳を貸さないと考えるからだ（無力な人のストーリー）。つまり、こちらが何をしても相手の態度は変えられないと思っているのである。

このように、「無力な人のストーリー」は「悪党のストーリー」から派生する場合が多く、一般的には「愚かな選択」しかもたらさない。率直に意見して関係を破綻させるか、沈黙して嫌なことを我慢するかだ。

こじつけのストーリーを創る理由

もちろん、こじつけのストーリーには裏のストーリーがある。意味もなくこじつけのストーリーが口からこぼれ出るわけではない。その背景にはいくつかのパターンがある。

こじつけのストーリーが現実どおりである　こじつけのストーリーが正しい場合もある。こちらは罪のない被害者に過ぎない、相手がこちらに害を及ぼそうとしている、問題に対処しようにも大したことはできない、といったことは実際に起こりうる。よくあることではないが、ないわけではない。

こじつけのストーリーにより苦境から脱け出す　たいていの場合、妥当な解釈を離れてこじつけのストーリーを創ってしまうのは、自分にもある程度は責任があるのに、その責任から都合よく逃れようとするからだ。相手が悪いわけでも間違っているわけでもない。自分がよいわけでも正しいわけでもない。真実はその間のどこかにある。しかし、相手が間違っている、自分は正しいと見なせば、責任から逃れられる。それに、相手を悪者扱いすれば、侮辱や罵倒さえ好きなだけできる。

こじつけのストーリーにより自分の背信行為から目を背ける　これまでの説明で、こじつけのストーリーが問題を引き起こすことは明らかだろう。すると、こんな疑問が浮かんでくる。「こじつけのストーリーがそれほど有害なら、なぜ私たちは相も変わらずそんなストーリーを創るのか?」

こじつけのストーリーを創るきっかけは、自分自身の背信行為にある場合が多い。好むと好まざるとにかかわらず、私たちは正当化が必要だと思う行為をしたときに初めて、その行為を正当化するストーリーを創り始める【原注5】。

この場合の背信行為とは、自分が正しいと思っていることとは反対のことを、正しくないとわかっていながらしてしまうことを指す。背信行為をしてしまったら、あとは二つの選択肢しかない。その背信行為を素直に認めるか、それを正当化するかだ。自分の過ちを認めないのであれば、必然的に正当化への道を進む。そんなときに、こじつけのストーリーを創るのである。

背信行為の具体例を見てみよう。あなたは渋滞の中、車を運転している。あなたの隣の車線の先に、こちらの車線に入りたがっている車が見える。あなたの車が近づいていくと、その車はスピードを上げ、あなたの車線に入ろうとする。その瞬間あなたの脳裏に、この車を入れてあげるべきだという考えが浮かぶ。そうしたほうがいい。自分が相手の立場だったらそうしてほしい。だが、あなたはそうしない。アクセルを踏んで前の車との差を縮める。何があったのか？　あなたはそのとき、こう考えている。「おれの前にあいつを入り込ませるもんか。あの野郎！　これまでずっと渋滞と格闘してきたんだ。それに、こっちには大事な約束がある」などなど。

このストーリーにより、あなたは罪のない被害者、相手は不埒な悪党となる。つまりそうすることで、本来なすべきことをしなかった自分を正当化している。また、同じことを他人にされたら自分がどう思うか（「あの野郎はおれを入れなかった！」）ということから目を背けている。

　クルーシャル・カンバセーションに関連のある事例も挙げておこう。あなたの夫には気に障る癖がある。大したことではないが、指摘してあげるべきだと思っている。だが、あなたはそうしない。その代わりに、ため息をついたりあきれた表情をしたりして、夫が気づいてくれないかと思っている。しかしあいにく夫はこうしたサインに気づかず、癖をやめない。すると、やがてあなたの苛立ちが怒りに変わる。こちらがわかりやすいサインを出しても気づかないほど夫が鈍感なのが腹立たしい。それにあなたは、こんなことは指摘するまでもないことだと考え直す。普通の人間なら言われなくても気づくはずだ。一から十まで指摘しなければならないのか？　それをきっかけに、あなたは夫に侮辱的な嫌みを言うようになり、やがては醜い口論に発展する。

　この二つの事例で、何がどういう順序で起きたのかに注目してほしい。先に現れたのはストーリーだろうか、背信行為だろうか？　あなたは、相手のドライバーが自分勝手だと確信したから、その車を入らせなかったのか？　もちろん、そうではない。もともとあなたには、相手のドライバーを自分勝手だと判断する理由などなかった。自分の勝手な行為に対する言い訳が必要になったから、相手を自分勝手だと思い込んだ。つまり、自分が本来なすべきことをしなかったため、そのあとにこじつけのストーリーを創ったのである。また、あなたの夫の癖は、もともとあなたを怒らせるほどのものではなかった。だが、自分がその問題に不適切な形でかかわったとたん、怒りを覚えた。つまり、自分がすべきことをしなかったため、腹が立ったのだ。このようにこじつけのストーリーには、好ましくない行為をする自分を納得させる働きがある。

背信行為にはささいなものも多い。そのため、こじつけのストーリーを創っているときに、それに気づかない。背信行為には以下のようなものがある。

- ある人を助けるべきだと思っているのに、助けない。
- 謝罪すべきだと思っているのに、謝罪しない。
- 残業して仕事を終わらせなければいけないのに、早々に帰宅してしまう。
- ノーと言うべきときにイエスと言ってしまい、自分がその約束を守るかどうかを誰も確かめなければいいのにと思う。
- ある人に抱いている懸念について、その人に話すべきだと思っているのに、話さない。
- 自分の役目を果たせていないことを認めるべきだと思っているのに、誰もその話題を持ち出さないことがわかっているので何も言わない。
- 意見には敬意を持って耳を傾けるべきだと思っているのに、言い訳ばかりしてしまう。
- ある人が提案した計画に問題があることに気づき、それを指摘すべきだと思っているのに、指摘しない。

・時間までに仕事を終わらせることができず、相手にそれを知らせるべきだと思っているのに、知らせない。
・同僚が利用できる情報を持っているのに、それを同僚に伝えない。

こんなささいな背信行為でさえ、こじつけのストーリーが創られる。自分の過ちを認めず、自分の無実、相手の欠点、すでにしていること以外には何もできない自分の無力さにこだわる。つまり、結果よりも自己正当化を望むときに、こじつけのストーリーは生まれる。言うまでもなく、自己正当化は自分が心から望んでいることではない。だが私たちは、それを心から望んでいるかのように行動している。

この悲しい事実を心に留め、自分が本当に欲しいものに集中することが大切だ。そのための手段として、「新しいストーリーを創る」スキルを以下に紹介しよう。

欠けた部分を補う

自分が創ったこじつけのストーリーに気づけるようになれば、そこでようやく「新しいストーリーを創る」スキルを利用できる。会話に長けた人は、こじつけのストーリーを創っていることに気づき、そこで立ち止まり、役に立つストーリーを創ろうとする。役に立つストーリーとはつまり、会話など、健全な行動につながる感情を生み出すストーリーである。

では、どうすればこじつけのストーリーを役に立つストーリーに変えられるのか？　それは、欠けた部分を補えばいい。というのは、こじつけのストーリーにはすべて、不完全だという共通点があるからだ。こじつけのストーリーは、自分について、相手について、あるいは自分が選べる選択肢について、重要な情報を排除している。こうした必要不可欠な情報をすべて補えば、こじつけのストーリーは役に立つストーリーに変わる。

欠けている情報を補うには、どうすればいいか？　簡単に言ってしまえば、被害者を主体的な人に変え、悪党を常識的な人間に変え、無力な人を有能な人に変えればいい。以下でそれを説明しよう。

被害者を主体的な人に変える　自分を罪のない被害者だと考えている（実際に、銃を突きつけられて金品を奪われたわけでもない）ことに気づいた場合には、自分にこう問いかけてみてほしい。

・問題の一因は自分にもあるのに、それに気づかないふりをしていないか？

この質問により、もしかしたら自分にもこの問題に対する責任が多少はあるのかもしれないという事実に直面することになる。つまり、被害者ではなく当事者になる。これは必ずしも、自分に悪意があったという意味ではない。自分はうっかり何かをし忘れただけかもしれない。だがそれでも、自分に問題の一因があったことに変わりはない。

たとえば、ある同僚の女性が、きつい仕事や嫌な仕事をいつも残しておくので、決まってあなたがそれを終わらせなければならない。あなたは友人や恋人などに、自分はいいように使われているのだとたびたび文句を言っている。だが、このストーリーには欠けている部分がある。第一にあなたは、大変な仕事を進んで引き受けていることを上司に褒められると、うれしそうな顔をする。第二に、これまで当の同僚には文句を言ったことがない。せいぜい暗にほのめかす程度だ。

ここで、欠けた部分を補う第一のステップは、自分のストーリーにこうした重要な事実を加えることだ。自分にも問題の一因があるのではないかと問いかければ、これまでの自分の考えがいかに一方的だったかということがわかる。自分の過ちをまるで考慮せず、その一方で相手の過ちを大げさに述べ立てていたのである。

悪党を常識的な人間にする　自分がレッテルを貼るなどして相手を誹謗中傷していることに気づいたときには、そこで立ち止まってこう問いかけてみてほしい。

・道理をわきまえた常識的な人間がそんなことをするだろうか？

この質問により、相手は普通の人間になる。それに対する妥当な答えを探しているうちに、こちらの感情も落ち着いてくる。すると、これまで一方的な評価を下していた相手に、共感を覚えるようになる。相手に対するこれまでの自分の態度によっては、自己正当化をやめて自分の責任を感じるようになる。

たとえば、上記の事例で紹介した同僚の女性が最近、あなたは重要な仕事に取り組んでいるのですねと言ってきた。そして昨日、あなたが急を要する仕事に四苦八苦していると、その同僚が手を貸し、その仕事を終わらせてくれた。するとあなたは、即座に同僚の意図を疑った。同僚は注目を浴びる仕事をすることで、自分をよく見せ、こちらを悪く見せようとしているのではないか？　自分の仕事ぶりを自慢でき、こちらの評判を落とすことができるときにだけ、手を貸そうとしているのではないか？　あなたは、そんなストーリーを創り上げる。

だがこの同僚が、本当は道理をわきまえた常識的な人間だったとしたらどうだろう？　あなたに手を貸したいだけで、それ以外の動機などなかったとしたら？　少々早まって同僚を誹謗中傷してしまったのではないか？　そんなことをすれば、関係を悪化させてしまうのではないか？　先走って同僚を責めたあとになって、自分が間違っていたと気づくことにならないだろうか？

ここで、道理をわきまえた常識的な人間であればそんなことをしないのではないかと自分に尋ねるのは、ひどいことをした相手を許すためではない。実際に相手に非がある場合については、後に説明する。この質問の目的は、自分のストーリーと感情に対処することにある。このツールを使えば、相手がそんな行動を取った理由について多種多様な可能性を考える機会が生まれ、自分のストーリーや感情を吟味できる。

実際、経験を積んでこのツールに熟達すれば、相手の意図だと思っていたものが、相手の行為を見て自分が作り上げた印象でしかないと考えられるようになる。そうなればもう、不健全な動機をわざわざ考え出すこともない。このツールにはほかの利点もある。相手が取った行動についてほかの動機を検討していると、感情が落ち着くだけでなく、同じぐらい重要なある効果をもたらす。つまり、自分の絶対的な思い込みを弱め、会話を行うことが可能になる。会話こそ、相手の真の動機を知る唯一確実な方法である。

無力な人を有能な人にする　最後に、自分の無力さを嘆いていることに気づいた場合には、本来の目的に立ち返れば、完璧なストーリーを創ることができる。一度立ち止まってこう問いかけてほしい。

・私が心から自分に望んでいること、相手に望んでいることは何か？　相手との間にどんな関係を望んでいるか？

料金受取人払

新宿局承認

767

差出有効期間
平成31年3月
31日まで

郵便はがき

1 6 0 - 8 7 9 0

6 1 1

東京都新宿区
西新宿7-9-18 6F
フェニックスシリーズ
編集部 行

フリガナ お名前	年齢	性別　男・女
		職業

住所 〒

電話番号
(　　　)

E-mail

愛 読 者 カ ー ド

ご購入いただいた
本のタイトル

ご購入いただいた書店名（所在地）

●本書を何でお知りになりましたか?

1. 書店で実物を見て（店名　　　　　　　　　　）
2. HPまたはブログを見て（サイト名　　　　　　　　　　）
3. 書評・紹介記事を見て（新聞・雑誌・サイト名　　　　　　　　　　）
4. 友人・知人からの紹介
5. その他（　　　　　　　　　　）

●復刊・翻訳をしてほしい書籍がありましたら、教えてください。

●本書についてのご感想をお聞かせください。

ご協力ありがとうございました。

●書評として採用させていただいた方には、**図書カード500円分**を差し上げます。

こちらからもお送りいただけます。

FAX 03-5386-7393　　E-mail　info@panrolling.com

そして、自分を無力だと思わせるような「愚かな選択」を排除し、沈黙や暴力以外の選択肢を選ぶ。そのためにはこう問いかけてみるといい。

・それを心から望むのであれば、私は今、何をすればいいのか？

上記の例で言えば、あなたは、きつい仕事をしようとしない同僚を侮辱してしまう。すると同僚は、あなたからの「思いもかけない」きつい言葉に驚き、誤解だとでも言いたげにあなたを見つめる。あなたはもちろん、こう思っている。彼女はわざと嫌な仕事を避けている。自分が親切にほのめかしてやっても、彼女は何も変わらない、と。

そしてさらに、こう自分に言い聞かせる。「きつく言ってやらなければだめだ。そんなことはしたくないが、ここで彼女に嫌な思いをさせておかないと、にっちもさっちもいかなくなる」。だがそれは、あなたが心から望んでいることではない。本当の望みは、仕事を平等に分け合い、なおかつ良好な関係を保つことだ。それなのにあなたは、「愚かな選択」をすることで望みの半分をあきらめている。「それでも、ばかにされるよりは、彼女に嫌な思いをしてもらったほうがいい」

では、そうしないでどうすればいいのか？　心を開き、正直に、きちんとこの問題について話すことだ。深く考えもせず文句を言い、自分を正当化してはいけない。自分は無力だと思い込み、自分の弱さを嘆くことをやめれば、あとは責任を持って会話するだけだ。

マリアの新たなストーリー

ここでマリアの事例に戻り、上記の内容をどう組み合わせればいいかを見ていこう。これまでの過程で、マリアは「行動へのプロセス」をさかのぼって見直し、ストーリーと事実を分けたと仮定しよう。それにより彼女は、自分が創ったストーリーが不完全で、保身的で、有害なものだということに気づいたはずだ。三つのこじつけのストーリーが、痛いほどはっきりと見て取れる。そこでマリアは、欠けた部分を補うことにし、自分にこう問いかける。

・問題の一因は自分にもあるのに、それに気づかないふりをしていないか？

「ルイスが私抜きでプロジェクトの会議を開いていることに気づいたとき、なぜ私を入れてくれないのかと彼に尋ねるべきだった。そうしていれば会話ができ、一緒に満足のいく仕事ができただろう。だがそのとき、私は尋ねなかった。それからは怒りが募るばかりで、この問題を持ち出す気もなくなってしまった」

・道理をわきまえた常識的な人間がそんなことをするだろうか？
「ルイスは、質の高い仕事をしようと必死だ。プロジェクトの成功に向けて私も同じように努力していることに気づいていないのかもしれない」
・私が心から望んでいることは何か？
「ルイスとはお互いを尊重できる関係でいたい。それに自分の仕事を認めてもらいたい」
・それを心から望むのであれば、私は今、何をすればいいのか？
「ルイスと会う約束をし、一緒に仕事をする方法について話し合おう」

このように、欠けた部分を補うと、不健全な感情がもたらす有害な効果から解放される。感情のとりこから感情の支配者になれば、自分を取り戻し、会話に戻ることができる。
では実際に、マリアはどうしたのだろう？　彼女はルイスと会う約束をした。そして話し合いに備えて、こう考えた。あのひどい不完全なストーリーを発展させるのはやめ、この問題には自分にも責任があることを認め、偏見を持たずに話をしよう。ルイスはきっと、私の評判を落とそうとしているわけでも、私の無能な仕事の穴を埋めようとしているわけでもないのだろう、と。

マリアはルイスと席に着き、とりあえず自分が見聞きしたことを伝えた（その方法については次章で解説する）。運よくマリアは、新しいストーリーの創り方だけでなく、その伝え方も知っていた。健全な会話が始まると、ルイスは、上司とのミーティングに彼女を加えなかったことを謝罪した。その説明によると、ルイスは発表の重要なポイントについて事前に上司に説明しておこうとしただけなのだが、彼女がいないところでそんなことをするべきではなかったと、あとになって気づいたという。ルイスはまた、自分が発表をほぼ独占してしまったことも詫びた。そのときに聞いた話では、ルイスは緊張すると口数が多くなってしまうらしい。そしてルイスは、これからは二人がそれぞれ発表の前半と後半を担当し、その割り当てを忠実に守って彼女を締め出さないようにしたいと述べた。こうして双方がお互いの考えを理解し、これからはルイスがもっと行動に注意することを約束して、話し合いは終わった。

私のクルーシャル・カンバセーション――キャシー・W

私の最初の夫は乱暴だった。そのため、三人の子供はきわめて暴力的な家庭で育った。子供たちは、私が暴力を振るわれる現場を見たことはなかったが、そのあとを目のあたりにして心理的・精神的な傷を負った。

私は一六年間に八回逃亡を試み、ようやく夫から解放された。もう体の傷は治ったが、虐待が私や子供たちに及ぼした心理的影響にいまだに苦しんでいる。

私は感情が高ぶると、黙り込んだり嫌みを言ったりする傾向がある。子供たちも（今はもう大人だが）、不健全な言い争いを繰り返し聞いていたため、幼いころに自分たちが見た行動をまねるようになった。慣れ親しんだ横柄な行動パターンに従い、私にもかつて夫に見せたような従順な態度を求めてくる。

そのため私は、さまざまな状況で「クルーシャル・カンバセーション」のスキルを駆使してきた。その実践を通じて、自分を昔ながらの行動に閉じ込めているストーリーを変えられるようになっただけではない。ストレスを減らし、日々の対話や決断にも自信が持てるようになった。

最近では、娘と話をしたときに、相手を安心させるためにこのスキルを使った。娘はドラッグにおぼれ、わが子の親権を失っていた。以前の話し合いでは、娘が父親譲りのかんしゃくを起こすと、私は黙り込むほかなかった。それでも私は、娘が再び自立し、最終的には子供に会う権利を手に入れられるよう手助けがしたかった。

娘の友人になり、正直に話し、相手に不安を抱かせないようにしなければならない。そのため私は、娘の身ぶり手ぶりに注意して、娘が安心して話せるようにしている。娘が苛立ちのサインを示せば、すぐにそこで話をやめ、自分は味方だと伝える。

そんなときには「コントラスト化」を使う。「それが難しいことはわかってる。おまえを怒らせたいわけじゃない。ただ私たちが直面している問題について考えたいだけ」。そして次に、あるテーマについて話をしていいかどうか尋ね、よければ話を続ける。よくなければ、娘の気分を害したことを謝り、その話ができるようになったら教えてと言う。

私はまた、慎重な言葉づかいをしたほうが効果があることに気づいた。「私に腹を立ててるの？　私が何をしたっていうの？」ではなく、「私に腹を立てているような気がするんだけど、何か気に障るようなことした？」と言うのだ。この質問に対する娘の答えを聞けば、本当の問題へと向かう道が開ける。

以前は、娘と会って最初の五分間は苦痛でしかなかった。黙り込んだり嫌みを言ったりする昔からの癖と闘わなければならない。何を言っても娘が怒りだすのではないかと思え、口を開くのが恐かった。

それが今では、娘とクルーシャル・カンバセーションなどできないと思い込ませていたストーリーを創り直し、感情をコントロールできる。また、事実に基づき、自信を持って自分の意見を述べられる。自分が善意から行動していること、娘が状況を改善したいと思っていることがわかっているからだ。その結果、長い話をしても、娘が怒りをあらわにして話を打ち切ることはほとんどなくなった。将来への希望を抱かせる驚くべき進歩だ。

――キャシー・W

まとめ――新しいストーリーを創る

強い感情により沈黙や暴力にはまり込んだときには、以下を試してみよう。

行動へのプロセスをさかのぼる

自分の行動に気づく　会話ができていないことに気づいたら、自分は今何をしているのかと問いかけてみる。

●自分は何らかの沈黙や暴力に陥っていないか？

自分の感情を明らかにする　自分が創ったストーリーから生まれた感情を正確に特定する。

●そんなふうに行動したのはどんな感情のせいなのか？

ストーリーを分析する　ストーリーを疑問視し、ほかの解釈を考えてみる。

●その感情は、どのようなストーリーから生まれたのか？

事実に戻る　自分が考案したストーリーと確かな事実を分け、絶対的な思い込みを捨てる。

●そのストーリーを裏づけるどんな事実があったのか？

こじつけのストーリーに注意する　こじつけのストーリーには主に、「被害者のストーリー」「悪党のストーリー」「無力な人のストーリー」がある。

欠けた部分を補う

以下の質問を自分に問いかけてみる。

- 問題の一因は自分にもあるのに、それに気づかないふりをしていないか？
- 道理をわきまえた常識的な人間がそんなことをするだろうか？
- 私が心から望んでいることは何か？
- 心から望む結果に向けて今、何をすればいいか？

7 プロセスを告げる
――相手の気に障らないようにうまく話をするには

（遠慮のない女性だと言われて）誰が言い負かせるかしら？

――ドロシー・パーカー

これまでは、クルーシャル・カンバセーションに取り組み、それをマスターするための準備にページを割いてきた。学んできたことは以下のとおりだ。自分の本音を正しく見きわめる。相手が不安を抱きつつあるかどうかに細心の注意を払い、必要があれば相手を安心させる。役に立たないこじつけのストーリーを創ることは絶対に避ける。

これで準備は整った。あとは口を開き、自分の意見を伝えればいい。だが実際のところ、どう意見を表明すればいいのだろう?

私たちはたいてい、ほとんど意識することなく話をしている。「やあ、子供たちは元気?仕事はどう?」。話ほど簡単なことがこの世にあるだろうか? 私たちは無数の言葉を知っており、それを駆使して自分の目的に合った文章を紡ぎ出す。普通はそうだ。

しかし、重要な結果を伴う話で感情が高ぶると、うまく口を開けなくなる。実際、先にも述べたように、重要な話になればなるほど、最適な行動が取れなくなる。その結果、実につたない方法で自分の意見を表明することになる。

意見を表明するスキルを向上させるため、まずはきわめて難しい二つの事例について考えてみよう。第一の事例ではまず、こちらが言わなければいけないことを言うと相手が守りの態勢に入る可能性が高いときに使える、五つのスキルを考察する。次いで第二の事例で、こちらがある考えを強く信じるあまり相手の口を閉ざしてしまうおそれがあるときに、そのスキルが役に立つかどうかを検証したい。

危険を伴う認識を共有する

これから共有認識のプールに入れようとしている意見の中に、扱いの難しい内容、嫌がられる内容、論議を巻き起こす内容が含まれる場合、それを言い出すのはなかなか難しい。

「マルタ、申し訳ないが、きみとは誰も一緒に仕事をしたがらないんだ。この特別プロジェクトチームから外れてほしい」

製品のパッケージを緑から赤に換えるという話であれば問題はない。だが、一緒に仕事をしたくない、好感が持てないと人に打ち明ける話となると、そうはいかない。話題が「もの」から「人」に変わると、話は間違いなく難しくなる。だがやはり、こうした話がうまい人はいる。

言いにくい情報を伝える場合、会話がまったくできない人は、こうした情報を共有認識のプールにぶっきらぼうに投げ込むか、まったく何も言わない。「こんな話は聞きたくないだろうが、誰かが言わなければいけないから……」と言って話を始めるか（「愚かな選択」の典型である）、ただ黙っているかだ。

一方、会話がある程度できる人は、このままでは健全な関係が損なわれてしまうことを心配し、思っていることを多少は口にする。ただし、相手を傷つけることを恐れて控えめに言う。きちんと話はするが、言いたいことは慎重にオブラートに包んでいる。

だが会話にこのうえなく長けた人は、思っていることを洗いざらい話す。その際、相手が安心してこちらの話を聞き、安心してそれに対応できるような状況を生み出す。こうした人は、実に率直でありながら、相手に十分な敬意を払っている。

安全性を維持する

正直に言うと相手を怒らせてしまうおそれがあるが、それでも正直に話をしなければならない場合、安全性を維持することが大切になる。だがそれは、相手を傷つけないように殴れと言っているようなものだ。敬意を払いつつ、言いにくいことを言うことなどできるのだろうか？　実際のところ、それは可能だ。確信、謙虚、スキルの三要素をうまく混ぜ合わせればいい。

確信　大半の人は、デリケートな話題を避けようとする。少なくとも、当人に面と向かって話をすることはまずない。たとえば、あなたの同僚のブライアンは、仕事をいちいち細かく指図する上司のフェルナンドを快く思っていない。帰宅すれば妻にフェルナンドの文句を言う。ランチを食べながら友人に文句を言う。ブライアンがフェルナンドをどう思っているかは誰もが知っている。だがもちろん、フェルナンドは知らない。

だが会話に長けた人は、大胆にも、言わなければいけないことを当の本人に直接言う。こういう人は、自分の意見を共有認識のプールに入れるべきだと確信している。また、相手を非難して怒らせるようなことをしなくても率直な話はできると確信している。

謙虚　確信があるからと言って、強情に自分の意見を変えようとしないわけではない。会話に長けた人は、自分には言うべきことがあると確信しているが、相手の意見にも耳を傾けるべきことを知っている。自分だけが正しいわけではなく、自分の意見を押しつけてばかりではいけないことを自覚している。それほど謙虚なのである。自分の意見は、出発点であって結論ではない。今はある考えが正しいと信じていても、新たな情報があれば考えが変わることもある。そう思っているため、自分の意見を表明するとともに、相手にも意見を表明するよう積極的に促す。

スキル　デリケートな問題でも積極的に伝えようとする人は、その伝え方にも優れている。だからこそ、伝えるべきだと確信できるのだ。こうした人は、相手を安心させながら率直に話をする方法を知っているため、「愚かな選択」をしない。そして最後には、言いにくい話を正直にしてくれたと相手から感謝されるようになる。

グッドナイト、そして、さようなら！

言い出しにくい問題の扱い方を学ぶため、きわめて難しい事例を紹介しよう。ボブが帰宅すると、妻のキャロルが不機嫌そうな顔をしている。その腫れた目からすると、今まで泣いていたようだ。帰宅したときにキャロルが向けた表情は、決して穏やかなものではなかった。むしろ「どういうつもり？」と非難しているようだ。ボブにはまだわからないが、キャロルはボブが浮気をしているのだと思っている。だが実際には、ボブは浮気などしていない。

キャロルはなぜ、この危険とも言える間違った結論に至ったのか？　その日彼女が、クレジットカードの請求書に目を通していると、グッドナイト・モーテルから請求が来ていることに気づいた。家から一キロメートル余りのところにある安宿だ。キャロルは思った。「どうしてボブはこんな家の近くのモーテルに泊まったんだろう？　そんな話、聞いてもいないし」。そのとき、彼女の脳裏に浮気という考えがひらめいた。「あの裏切り者め！」

この場合、キャロルが絶対にしてはいけない対処法とは何か？（荷物をまとめてオーストラリアに帰るという選択肢は含まない）。絶対にしてはいけないのはどんな話し方か？その筆頭候補は、有無を言わせず腹立ち紛れに相手を責め、怯えさせることだと言えば、大半の人は同意してくれるだろう。だが残念ながら、ほとんどの人がそうする。キャロルも例外ではない。

彼女は痛ましい口調で言う。「こんな仕打ちをするなんて信じられない」

「ぼくが何をした？」。ボブには何のことかさっぱりわからないが、いい話でないことはわかる。

「わかってるくせに」。彼女はそう言い、ボブをいらいらさせる。

ボブは心の中で考える。「誕生日を忘れたことを謝ってほしいんだろうか？　いや、まだ夏じゃない。誕生日はまだ先……そう、キャロルの誕生日は暑い盛りのはず」

「ごめん、何の話をしているのか全然わからない」。ボブは相手の態度に驚きながらそう答える。

「浮気してるんでしょ。ここに証拠があるんだから！」。キャロルはそう言いながら、しわくちゃになった紙を見せる。

「その紙のどこに、ぼくの浮気の証拠があるんだ？」。ボブは訳がわからず尋ねる。というのも、（一）浮気をしていないし、（二）その紙に見られて困るような写真が掲載されているわけでもないからだ。

「ばかね、モーテルから請求が来てるのよ。そのモーテルに女を連れ込んで、クレジットカードで払ったんでしょう？　こんな仕打ちをするなんて信じられない！」

キャロルはボブが浮気をしていると思い込んでいるため、こんな話になってしまうのは当然かもしれない。問題に対処する最善の方法とは言えないが、これで少なくとも、彼女が非難し、怒りをぶつける理由はボブに伝わった。

だが実際のところキャロルには、数字の印刷された紙きれがあるだけだ。それを具体的な証拠と思い、ボブを疑っている。では彼女は、この不愉快な思い込みについてきちんとした会話をするために、どう話をすればよかったのか？

プロセスを告げる

キャロルの話の目的が、難しい話題（浮気しているのではないか？）について健全な話し合いをすることにあるのなら、会話を続けることだけを望んでいるはずだ。少なくとも、自分の思い込みが肯定あるいは否定されるまでは、そうだろう。どんなクルーシャル・カンバセーションであれ（仕事をいちいち細かく指図しすぎではないか？　薬物を常用しているのではないか？）、それに取り組む人はみな、そう思っているに違いない。それなら、どんなにひどい疑惑があったとしても、相手に敬意を払うことを忘れてはいけない。同様に、非難や暴力的な言葉で安全性を損なってはならない。

では、どうすればいいのか？　まずは、本音を探ろう。自分が心から望んでいることは何か、どうすればそれを手に入れられるかを考えるのだ。そして、「被害者のストーリー」「悪党のストーリー」「無力な人のストーリー」を軽率に受け入れているのではないかと考え、新しいストーリーを創ろう。真実のストーリーを見つけたければ、自分が生み出した最悪のストーリーを行動で示してはいけない。それは、自滅的な沈黙や暴力に至るだけだ。それよりも、ほかの解釈ができないか考えてみよう。その間に感情が和らぎ、会話に入れるかもしれない。それに、言い争うのは、最初の思い込みが正しいと判明してからでも遅くはない。

こうして会話に適した状況を作り終えたら、五種類のスキルを使って話をしよう。これを利用すれば、きわめて扱いの難しい話題でも話ができる。この五つのスキルは、それぞれの頭文字を取って「ＳＴＡＴＥ（「告げる」を意味する）」と覚えるといい。以下がそのスキルである。

・事実を共有する（Share your facts）
・ストーリーを語る（Tell your story）
・相手のプロセスを尋ねる（Ask for others' paths）
・仮説として話す（Talk tentatively）
・反応を引き出す（Encourage testing）

最初の三つのスキルは何（Ｗｈａｔ）をすべきか、最後の二つはどう（Ｈｏｗ）すべきかを示している。

図表 7-1　行動へのプロセス

「What」スキル

事実を共有する

第6章で見たように、「行動へのプロセス」をさかのぼって見直せば、最終的には事実にたどり着く。たとえば、キャロルはクレジットカードの請求書を見つけた。これが事実だ。それから、ボブが浮気をしているというストーリーを創り上げた。次いで、裏切られたと感じ、ひどいショックを受けた。そして最後に、ボブを攻撃した。「あなたとなんて結婚しなければよかった！」。これを機に、珍しくもない醜悪なやり取りがめまぐるしく交わされることになった。

だがキャロルが、この事実をもとに別の思考ルートをたどっていたら、どうなっていただろう？　ほかにもありえそうなストーリーを考えることで、最悪のストーリーについて考えるのを一時的にやめ、事実に基づいて話し合いを始めていたら？　そのほうが安全なのではないか？　たとえば、こう考えるのだ。「この事実の裏には、何かきちんとした理由があるのかもしれない。まずはこの怪しい請求書の話をしてみよう」

実際、キャロルは事実から始めるべきだった。自分の意見を伝えるには、自分の「行動へのプロセス」を最初から最後まで、自分がたどったとおりにたどっていくのがいちばんいい（図表７－１）。だが残念なことに私たちは、アドレナリンで興奮していると、まるで正反対のことをしてしまう傾向がある。感情やストーリーで頭を埋め尽くされているため、そこから話を始めてしまう。当然のことながら、こうした不愉快なストーリーで話を始めるのは、もっとも言い争いになりやすく、もっとも説得力がなく、もっとも相手の感情を害しやすい方法だと言える。

さらに悪いことに、こうした方法は悪い結果を自ら招き寄せることになる。感情やストーリーで頭がいっぱいになると、ありのまま自分のストーリーをまくしたてたいという衝動に駆られ、お世辞にも褒められない話し方をしてしまう。そして悪い結果になると（自分で悪い結果を招くのだが）、危険を伴う話にはそんな結果がつきものだと自分に言い聞かせる。すると、次に不愉快な話をしなければならなくなったときに、それを言うのがこれまで以上に億劫になり、話をしなくなる。その結果、ストーリーやそれに伴う感情が心の内でいっそう煮えたぎり、やがてはその恐ろしいストーリーを、激しい復讐心とともに相手にぶちまける。こうして悪循環が続くのである。

事実はもっとも言い争いになりにくい 話は、事実から始めれば安全である。事実はその性質上、言い争いの対象にはならない。事実が事実たる所以はそこにある。たとえば、「昨日あなたは二〇分遅刻した」ことについて考えてみてほしい。これは事実であり、その点について言い争いは起こりえない。一方、事実の解釈には議論の余地が山ほどある。「あなたは信用できない」というのは事実ではない。むしろ侮辱であり、言い争いになる可能性が高い。誰でも、最終的には自分の解釈を伝えたいと思っていたとしても、言い争いで話を始めたくはないだろう。

事実にはもっとも説得力がある 事実は、主観的な解釈より言い争いになりにくいだけでなく、説得力も備えている。事実は考えの土台になる。そのため、相手を説得したいのなら、ストーリーから始めるのではなく、実際に見聞きしたことから始めるべきだ。たとえば、以下の二つの文章のうち、説得力があるのはどちらだろうか?

「セクハラはやめて!」

「あなたは私と話をするとき、視線が上下に動いて私の顔を見ていない。それにときどき、肩に手を置いてくる」

説得力の話のついでに注意しておこう。私たちが目指すべきは、自分の考えが正しいと相手を説得することではない。会話に勝とうとしているわけではなく、共有認識のプールに自分の考えや気持ちを追加し、公平な話し合いの場を持とうしているだけだ。道理をわきまえた常識的な人間として、自分がどうしてそんなストーリーを創り出したのかを相手に示すのである。

また、衝撃的な解釈や攻撃的な解釈（「なめまわすように私を見ないで！」「破産を宣告するはめになるぞ」）で話を始めると、相手がこちらに対して「悪党のストーリー」を創ってしまうおそれがある。こちらから自分の解釈を裏づける事実を提示していないため、相手はそんなふうに言われるのはなぜかと考え、こちらを悪党に仕立て上げてしまう。

したがって、自分が道理をわきまえた常識的な人間として、どうしてそんなストーリーを創り出したのかを相手に示したいのなら、まずは事実から始めることだ。

ストーリーに頭を占領されて事実がよくわからない場合には、時間を取って事実についてじっくり考えてから、クルーシャル・カンバセーションに臨んでほしい。ストーリーと事実を分ける作業に時間を惜しんではならない。事実の確認は、クルーシャル・カンバセーションに欠かせない作業である。

事実ほど相手の感情を害さないものはない　自分のストーリーを伝えたい場合でも、そこから話を始めてはいけない。ストーリーは（それが不愉快な結論に至っている場合はなおさら）、相手を驚かせ、感情を害する可能性が高い。よく考えもしない軽はずみな一言で、安全性が損なわれてしまう。

ブライアン　あなたの指導方法についてお話ししたいことがあります。あなたがいちいち細かく指図しすぎるので、もう我慢の限界を超えそうです。

フェルナンド　え？　予定どおりに終わるかどうか聞いているだけなのに、それをそんなふうに取られるとは……。

自分のストーリーから話を始めれば（それにより安全性を損なえば）、いつまでも事実にたどり着けないかもしれない。

事実からプロセスをたどる　自分のストーリーを話すには、自分の「行動へのプロセス」に相手を導いていくことが必要だ。つまり、自分のプロセスを最初から最後まで相手に経験させる（プロセスの最後から行き当たりばったりに進むのではなく）。相手を自分の視点に立たせ、事実を起点に、自分の経験を相手に見せるのである。そのような話し方をすれば、こちらがなぜそう思い込んでいるのかを相手も理解できる。まずは事実、次にストーリーである。なお、ストーリーを説明するときには、それを具体的な事実としてではなく、一つの仮説として話すことも大切だ。

ブライアン　ここで働き始めて以来、一日に二回はあなたに報告しろと言われていますが、これはほかの人より多いと思います。それに、プロジェクト関連のアイデアはすべて事前にあなたに伝えろとも言われています。[事実]

フェルナンド　それで?

ブライアン　あなたにそんなつもりはないのかもしれませんが、どうもあなたが私を信用していないのではないかと思えてなりません。あなたは、私にはこの仕事は務まらないとか、いずれ私が問題を起こすと思っているのではありませんか?　[仮説]

フェルナンド　いや、私はただ、きみが本格的にプロジェクトを進める前に、私の意見を取り入れる機会を与えてあげようとしていただけだ。前回一緒に仕事をした男は、プロジェクトの終わり間際になって重要な点を見落としていたことに気づく、ということがたびたびあった。そんなことにならないようにと思ってね。

事実から話を始めれば、ストーリーを伝えることもできる。どんなにデリケートな話題であれ、事実はその土台となる。

ストーリーを語る

ストーリーを伝えるのが難しいこともある。事実から話を始めたとしても、話が事実からストーリーに移ったとたん、相手が守りの態勢に入ってしまう場合だ。結局こちらは、不愉快に思われそうな解釈や判断を伝えようとしているのだから、そんなときもある。

そもそも、なぜストーリーを伝えるのか？　それは、事実だけでは話をする価値があまりないからだ。面と向かっての議論が求められるのは、事実プラスその解釈だ。それに、事実を言うだけでは、こちらが言わんとしていることの重要性を相手が理解できない場合もある。たとえば、こんな具合だ。


「きみのかばんに会社のソフトが入っていたね」

「ああ。それがソフトのいいところだ。持ち歩ける」

「でも、そのソフトは会社が特許を取ってる」

「そのほうがいい！　会社の未来はこのソフトにかかってる」

「持ち出し禁止じゃなかったかな」

「もちろんだめだよ。盗まれちゃうからね」

（ここで自分の解釈を伝えたほうがいいと判断して）「私は、なぜそのソフトがきみのかばんの中にあるのかと思ってね。家に持ち帰ろうとしてるように見えるけど、違う？」

確信が必要　正直に言えば、不愉快な解釈や好ましくない判断（「盗もうとしてるんじゃないの？」など）は伝えにくい。そんな相手を怒らせるかもしれないストーリーを伝えるには、自分がそれを確信していることが必要だ。しかし、自分のストーリーの背後にある事実をじっくり考える作業をしていれば、道理をわきまえた常識的な解釈、耳を傾けるに値する解釈を導き出せる。事実から始めれば、思考の土台ができる。事実を十分に考え、それに従って思考を紡いでいけば、議論の対象となるきわめて重要な解釈や判断を、確信を持って共有認識のプールに追加できるに違いない。

尾ひれをつけてはいけない　ときには、確信を持って口に出せず、問題を長い間、心の中でくすぶらせることがある。するとその不愉快な解釈がいつか、相手を攻撃する武器として使われる場合がある。たとえばあなたは、二年生になるわが子の担任教師とクルーシャル・カンバセーションを行おうとしている。教師はあなたの娘を一年留年させるべきだと思っている。一方あなたは、ほかの同年代の子供と同じように進級させたいと思っている。頭の中ではこんなことを考えている。

「信じられない！　この先生は大学を出たてのくせに、デビーを留年させようとしている。きっと留年がどんなに不名誉なことか深く考えていないんだ。それに、先生は学校の心理カウンセラーの提案を参考にしているけど、あの男は掛け値なしの能なしだ。あの男に会ったことがあるが、ただの風邪でもあの男には診てもらいたくない。こんなばか二人に振りまわされてたまるか」

この侮辱的な解釈や判断のうち、相手に伝えるべきなのはどの部分か？　もちろん、この不愉快なストーリーすべてではない。健全な会話を望むのであれば、こうした「悪党のストーリー」に対処する必要がある。たとえば、あなたのストーリーを以下のように伝えるといい（言葉を慎重に選ぶようにしてほしい。結局これは事実ではなく、あなたのストーリーなのだから）。

「私は最初、あなたの提案を聞いたとき、それには反対だと思いました。でも、よくよく考えてみると、自分が間違っているのかもしれないことに気づきました。この状況においてどうするのがデビーにとっていちばんいいのか、その判断をしようにも、私にはまったく経験がありません。ただ留年が恥ずかしいと思っていたんです。難しい問題だということはわかっています。私たち二人がこの判断について客観的に考えられるようなお話ができればと思います」

安全性の問題に目を向ける　ストーリーを伝えるときには、安全性が損なわれているサインに注意しよう。相手が守りの態勢に入ったり、侮辱されていると感じたりしているような様子が見られたら、話の内容から一歩身を引き、「コントラスト化」を使って相手を安心させる必要がある。

「コントラスト化」を使う　たとえば、以下のような具合だ。

「先生が娘のことを大変心配してくださっていることはわかっていますし、十分な教育を受けた方だとも思っています。私が気にしているのはその点ではありません。先生がデビーにとって最善の判断を望んでいるのはわかっています。その点は私も同じです。私がいちばん気になるのは、この判断は娘の将来に重大な影響を及ぼすのに、その判断の根拠があいまいな点です」

ただしここで、自分の見解について謝罪しないように注意してほしい。「コントラスト化」の目的は、自分の見解に手加減を加えることではなく、自分の意図を相手に聞いてもらうことにある。自信を持って、自分が本当に言いたいことを伝えてほしい。

相手のプロセスを尋ねる

先にも述べたが、言い出しにくい考えや気持ちを伝える鍵は、確信と謙虚のバランスにある。まずは事実やストーリーを明確に伝え、自分がそれを確信していることを表明する。それから、形だけでなく心から相手に意見を言うよう促し、謙虚さを示すことが重要だ。

そのため、事実やストーリーなど、自分の見解を伝え終わったら、相手にも同じ機会を与えよう。自分を正当化したいのではなく共有認識のプールを広げたいのなら、あるいは、自分の思いどおりにしたいのではなく最善の判断をしたいのなら、進んで相手の意見に耳を傾けるべきだ。謙虚さを示すには、心を開いて学ぶ姿勢を見せるのがいちばんいい。

たとえば、自分にこう問いかけてほしい。「先生はどう考えているのか?」「あの上司は本当に細かく指図しようとしているのか?」「夫は本当に浮気しているのか?」

相手の考えを理解するには、相手に自分の事実、自分のストーリー、自分の気持ちを表明するよう勧め、相手の言い分に注意深く耳を傾けることだ。共有認識のプールに新たな情報が追加されたら、進んで自分のストーリーを創り直したり排除したりする姿勢もまた、大切である。

「How」スキル

仮説として話す

これまでに紹介してきた解決事例を振り返ってみると、事実やストーリーを、断定的にではなく一つの仮説として、慎重に表現していたことに気づくだろう。たとえば、「～ではないかと思った」という感じだ。

仮説として話すというのはつまり、自分のストーリーを、まるで確かな事実であるかのように話すのではなく、数あるストーリーの中の一つとして話すということだ。「あなたにそんなつもりはないのかもしれないけど……」と言えば、自分が絶対的な確信を抱いているわけではないことを示せる。「ぼくが思うに……」と言えば、自分は一つの意見を伝えているだけであり、それ以上の意味はないということになる。

ストーリーを伝えるときには、確信と謙虚のバランスを取ることが必要だ。自分の解釈について妥当な確信があることを表明しつつも、その解釈に対する反論があれば、喜んで受け入れる姿勢を示すのである。そのためには、「絶対に」などと断定的な言葉を使わず、「ぼくの考えでは」と言ったほうがいい。「そんなことは誰でも知っている」といった言葉は、「そう考えている仕入業者三社と話をしました」と言い換えたほうがいい。「明らかに」といった言葉も、「～なのではないかと思うようになった」と柔らかい表現にすべきだ。

なぜ言葉を和らげるべきなのか？　私たちは共有認識のプールに意見を追加しようとしているのであって、意見を相手に無理やり受け入れさせようとしているわけではないからだ。あまり無理強いすれば、情報はプールに入らない。皮肉なことに、反対意見を持つ人と話をする場合、こちらが断定的で強硬な態度を取れば取るほど、相手は抵抗するようになる。誇張された言葉で独断的に話をすれば、説得力は増すどころか減っていく。逆に、仮説としてためらいがちに話をすれば、相手はこちらの意見に耳を傾けてくれる。

そう考えると、ここで一つ興味深い疑問がわいてくる。仮説として話すのは相手の気持ちを操作するためなのか、という疑問だ。つまり、こちらの意見に安心して耳を傾けてもらうために、その意見に自信がない「ふり」をするということなのか？

この疑問に対しては、はっきりノーと答えたい。仮説として話すふりをしているだけでは、会話に入れない。仮説として話すのは、実際に、自分の意見が絶対に正しいかどうか、自分が事実を完璧かつ完全に理解しているかどうかわからないからだ。実際以上に確信がないふりなどする必要はない。だが、自分の判断能力には限界がある。それ以上に確信があるふりをしてはいけない。自分が見聞きしたことが間違っている場合もある。ストーリーは知識に基づいた推測に過ぎない。

仮説だとしても弱気にならない　自分の意見をあまり強硬に押しつけてはいけないと思うあまり、間違った方向へ進んでしまう人がいる。弱気になって、また別の「愚かな選択」をしてしまうのだ。こういう人は、厄介な情報を安全に伝えるには、それが重要な情報でないかのように話をするしかないと思い込む。

「間違っているかもしれないが……」「私がおかしいのかもしれないけど……」

このように、完全な否認に始まり、はっきりしない口調で話をすれば、自分の主張にマイナスの影響を与えかねない。謙虚に相手の意見に耳を傾けることと、客観的に見てよくわからないということは、まったくの別問題だ。自分が弱気になっていることを示す言葉ではなく、意見を伝えていることを示す言葉を使うようにしてほしい。

「適切」な話し方――ゴルディロックス・テスト

強すぎることも弱すぎることもなく、最適な言葉でストーリーを伝える方法を理解してもらえるように、以下に具体例をいくつか紹介しよう。

弱すぎ「ばかばかしい意見かもしれないけど……」
強すぎ「どうしてごまかそうとした？」
適切「これを自分で使うために家に持ち帰ろうとしているように見えるんだが、そうなのか？」

弱すぎ「こんなこと言うのも気が引けるんだけど……」
強すぎ「いったいいつから麻薬を使ってるの？」
適切「このごろ、あなたが麻薬を使ってるような気がするんだけど、思い違いしているんだったら教えてくれない？」

弱すぎ「私のせいかもしれないけど……」
強すぎ「簡単な卵料理さえ母親に任せられないっていうの！」
適切「最近おまえが私を信用してないような気がするの。実際にそうなの？　そうなら、どうして信用できなくなったのか教えて」

弱すぎ「たぶんぼくの性欲が強すぎるだけなんだろうけど……」
強すぎ「ぼくの気持ちに応えてくれる気がないのなら、出ていくよ」

適切　「きみにそんなつもりはないと思うんだけど、このごろきみに拒否されているような気がするんだ」

反応を引き出す

相手のプロセスを尋ねるとき、こちらが相手にどう意見を促すかで大きな差が生まれる。ただ相手に意見を言うよう要請するだけでは十分ではない。相手の意見がどのような問題を引き起こすにせよ、こちらは喜んでそれに耳を傾けるつもりだという姿勢を明確にしながら、相手の意見を求める必要がある。つまり相手が、見聞きした事実やストーリーを安心して伝えられるようにしなければならない。それがこちらの見聞きした事実やストーリーと違う場合はなおさらだ。さもなければ相手は口を開かず、こちらは自分の意見が的確かつ妥当なものかどうかを検証できない。

沈黙に陥りがちな人とクルーシャル・カンバセーションを行う際には、とりわけ安全性が重要になる。こうした状況では「愚かな選択」に陥りやすい。こちらが本音を伝えてしまえば、相手は口を閉ざしてしまうのではないかという不安がある。そのため、率直に自分の本音を語るか、相手の意見に耳を傾けるかのどちらかを選んでしまう。だが会話に長けた人は、そのような二者択一を行わず、両方を選択する。自分の意見を強く表明するのなら、それだけ相手にも反論の余地を進んで与えなければならないことを理解しているのだ。

反対意見を求める　相手が意見の表明をためらっていると思ったら、どんなに異なる意見であれ、こちらはその意見を聞きたいのだという姿勢を明確にすることだ。相手の反論を大いに歓迎しよう。問題を引き起こしそうな意見や扱いの難しい意見が出たら、そんな意見を表明してくれた勇気を尊重してほしい。相手に異なる事実やストーリーがあれば、状況を完全に把握するのに大いに役立つ。たとえば、以下のような言葉で積極的に相手の意見を促し、相手が意見を述べられる環境を整えよう。「考えが違う人はいますか?」「この段階で見落としている点はありませんか?」「これとは反対のストーリーを聞きたいんだが」

形だけでなく心から求める　まじめに意見を求めるのではなく、威嚇的な言い方で意見を求める人がいる。「私はそう思うが、反対の者はいないな?」。このように、遠回しな脅しで意見を求めてはいけない。「心からあなたの意見が聞きたい」という姿勢を示す言葉や口調を使うことだ。具体的には、以下のような言い方である。「これについてはあまり意見したくないだろうが、ぜひとも一人ひとりから意見を聞きたいんだ」「このストーリーには少なくとも二つの側面がある。誰か違う意見を聞かせてくれないか?　これを採用するとどんな問題が起こる可能性がある?」

わざと反対する　相手がこちらの事実やストーリーを受け入れていないことはわかるの

に、自分の意見を言ってくれないことがある。こちらが誠実に意見を求め、異なる意見を奨励しても、誰も何も言ってくれない。このような場合に議論を進めたければ、わざと自分の意見に反論してみるといい。反対意見の見本として、自分の意見に不同意を示すのだ。「私が間違っている場合もある。反対のほうが正しいとしたらどうだろう？　売り上げが落ちた理由が〜だったとしたら？」

自分の動機が明らかになるまで意見を求める　こちらが権力を持つ立場にあると、いくらこちらが仮説として話をしても、相手が心を開かないことがある。自分の意見に同意してもらいたいだけなのではないか、自分の思いどおりにしようとしているのではないかと疑ってしまうのだ。以前の上司が、優しく意見を求めておきながら、意見した人を非難していた場合には、そういうことが往々にしてある。

そんなときには、反応を引き出すスキルの出番だ。好きなだけ力強く自分の意見を主張してもいい。だがそれ以上に力強く、相手がそれに異を唱えることを奨励しよう。むしろ異論をこいねがうぐらいがいい。こちらの動機が議論に勝つことにあるのか、真の会話をすることにあるのかは、どれだけ相手の反応を引き出せるかで決まる。

モーテルの事例に戻る

難しい内容の話をするときにＳＴＡＴＥスキルをどう組み合わせて使用すればいいのかを、先述したモーテルの事例で見てみよう。今回のキャロルは、前回のときよりもはるかにうまくデリケートな問題を切り出している。

ボブ　ただいま。今日はどうだった？

キャロル　あんまりよくない。

ボブ　どうしたの？

キャロル　クレジットカードの請求書を見ていたら、この先にあるグッドナイト・モーテルから四八ドルの請求があったの。［事実を共有する］

ボブ　え？　おかしいな。

キャロル　そうでしょ？

ボブ　でも大丈夫。いつか近くに行ったときに直接聞いてみるよ。

キャロル　今すぐ確認したいんだけど。

ボブ　そうなの？　五〇ドルにもならないんだから、そんなに慌てなくても。

キャロル　私が気にしてるのはお金のことじゃないの。

ボブ　気にしてる？

キャロル　この先にあるモーテルっていうのが引っかかるの。妹が旦那のフィルの浮気に気づいたのも、同じようなことがきっかけだったよね。妹が怪しいホテルの請求書を見つけて［ストーリーを仮説として話す］。本当に気にしなくてもいいことなの？　この請求のこと、あなたはどう思う？［相手のプロセスを尋ねる］

ボブ　わからないけど、きみが心配するようなことは絶対にしてない。

キャロル　あなたに疑わしい点なんてないことはわかってる。浮気してるとは思っていない［コントラスト化］。ただ、今すぐ確認して安心したいだけなの。それでもだめかな？［反応を引き出す］

ボブ　わかった。電話してどういうことか確認してみよう。

この会話は実話であり、このとおり話が進んだ。妻は疑念を抱いたものの、不愉快なストーリーやそれに基づく口汚い非難を避け、事実を共有し、そこから考えられそうな解釈を仮説として伝えた。実際には、モーテルからの請求は以下のような事情によるものだった。二人はその月の初め、あるチャイニーズレストランに行った。そのレストランのオーナーは当のモーテルのオーナーでもあり、どちらの店舗でカードを使っても「グッドナイト・モーテル」で請求していたのだ。紛らわしい話である。
妻は不安に思ったものの、攻撃、中傷、威嚇に頼らず、ストーリーを仮説として話すことで、大げんかを避けた。その結果、二人の関係が損なわれかねないときに、むしろ絆を深めることができた。

The Debate（討論）
ＳＴＡＴＥスキルの必要性を証明する二つの動画を紹介しよう。第一の動画では、従業員二人の間で顧客の出迎えについて意見が合わず、スキルを使わないせいで会話が破綻している。第二の動画では、一方の従業員がＳＴＡＴＥスキルを使い、話し合いをよい結果に導いている。
動画を視聴するには、www.CrucialConversations.com/exclusive へ。

強い思い込み

コミュニケーションの別の問題に目を向けてみよう。扱いにくい意見やあやふやなストーリーを提示するわけではないものの、議論になると自分の意見にあくまで固執する、という人がいる。そういう人は、家庭にも職場にも常にいる。選挙の際、投票所に並んで待っている間に、一つや二つ持論を展開したりするタイプである。

このような人は、重要な結果を伴う話し合いで相手が異なる意見を主張すると、自分のほうが正しいと心ひそかに思い込み、自分の意見を無理強いする。ただ言い争いに勝ちさえすればいいのだ。彼らはこう思っている。問題は山ほどあるのに、正しい対処法を知っているのは自分しかいない。相手の好きなようにやらせておけば、めちゃくちゃになってしまう、と。そのため、大いに関心がある問題が話題に上ると、自信に満ち満ちた自分の見解を、ただ口にするだけでなく、共有認識のプールに強引に押し込もうとする。つまり、自分が信じる真実で相手を圧倒しようとする。すると当然、相手は抵抗する。その結果、さらに無理強いを重ねることになる。

筆者はコンサルタントとして、このような場面を頻繁に目にしてきた。たとえば、幹部がテーブルにつき、重要なテーマについて議論を始める。まず誰かが、本当に正しい見解を持っているのは自分だけだとほのめかすようなことを言う。するとほかの誰かがそれに対抗して、まるで毒矢のように事実を投げつける。その結果、重要な情報を持っている人が恐れを抱き、黙り込んでしまう。やがて感情が高ぶってくると、これまで注意深く選ばれていた言葉、仮説として述べられていた言葉が一変し、絶対的な真実として吐き出されるようになる。その言葉はまるで、ルターが教会の扉に貼り出した文書やモーセの石板に刻まれた十戒のように確信に満ちている。

こうして最終的には、誰も議論に耳を傾けなくなり、一人残らず沈黙や暴力に走り、共有認識のプールは汚れ、干からびていく。勝つ者は誰もいない。

どうしてこんな事態になるのか?

それはストーリーから始まる　一般的に、自分の意見を相手に押しつけようとするのは、自分だけが正しく、ほかの人はみな間違っているという思い込みがあるからだ。共有認識のプールは自分自身がすでに満たしており、それ以上広げる必要はない、というわけだ。

こういう人はまた、自分が信じている真実のために闘うのが自分の義務であり、立派な行為なのだと固く信じている。気骨のある人に多いパターンだ。

もちろんこのストーリーでは、相手が必ずしも悪党というわけではない。相手はただ何もわかっていないだけであり、その視野の狭い未熟な見解に反対する現代のヒーローが自分なのである。

汚い手を使っても仕方がないと考える　自分の信じる真実のために闘うのが自分の義務だと確信している人は、奥の手として、これまでに人間が習得してきたトリックを使って議論を進める。その最たるものが「不正工作」である。まずは、自分の見解を裏づける情報のみを口にし、そうでない情報は隠したり、その信憑性を疑ったりする。次いで、誇張した表現で自分の見解の重要性を高める。「これしか方法がないことは誰でも知っている」。

それでも効果がない場合は、相手を刺激する言葉をちりばめる。「まともに考えられる人なら誰でも私の意見に賛成するはずだ」

そこからさらに、汚い手は延々と続く。たとえば、権威に訴える。「上司もそう考えている」。相手の人格を攻撃する。「本当にそう思うほど甘い考えの持ち主じゃないだろ?」。根拠も示さず一般化する。「海外支社で起きたのなら、ここでも絶対に起きる」。筋違いの反論をする。「もちろん、きみのプランに従ってもいい。いちばんの顧客を怒らせ、仕事を失いたいのならね」

しかし先に述べたように、汚い強硬な戦術を使い、無理強いをすればするほど、抵抗は大きくなり、結果は悪化し、関係は損なわれる。

この事態をどう変えればいいのか?

自分の意見に過度に固執する問題は、自分にその気があれば簡単に防げる。自分の意見がいちばんだと思い、それを相手に無理やり押しつけようとしていることに気づいたら、現在の言い争いから一歩身を引き、こう考えてほしい。「私が心から自分に望んでいること、相手に望んでいることは何か? 相手との間にどんな関係を望んでいるのか?」。それから自分にこう問いかけてほしい。「私が心から望む結果を手に入れるために、どう行動すればいいか?」。こうして考えている間にアドレナリンの量が下がって落ち着いてきたら、あとはSTATEスキルを使えばいい。

だがその前に、まずは「観察」を学ぼう。相手が抵抗を始めた瞬間に注意するのだ。こちらの戦術に対抗して相手が声を張り上げたり、自分の見解を裏づける事実を誇張して表現したりする場合もあれば、黙り込んでしまう場合もある。そんなときには、いかに重要な話題であれ、そこから一歩離れ、自分自身に目を向けてみよう。身を乗り出していないか？　声が大きくなっていないか？　ただ言い争いに勝とうとしていないか？　長々と話を独占したり汚い手を使ったりしていないか？　繰り返し言うが、ある決着点にこだわればこだわるほど、良識的な行動が取れなくなっていく。

次いで、相手への態度を和らげよう。相手にも言うべきことはある。それどころか、相手が問題解決の鍵を握っているかもしれない。そう考えることを受け入れ、相手に意見を求めよう。

もちろん、これは簡単なことではない。何かに夢中になっているときにそこから身を引くというのは、本能に反することであり、誰にとっても容易にできることではない。自説を積極的に主張しているときには、言葉を和らげるのも難しい。そもそも、どうせ相手の意見は間違っていると思い込んでいるときに、そんな意見を聞く気になるだろうか？　まずは無理だ。

実際、自分の強い思い込みを疑問視して仮説として伝えれば、腹黒いと思われるかもしれない。だが、もし相手が健全な会話から離れ、意見を無理強いしてきたら、相手が身を引かないかぎり賛同はできないと誰もが思うだろう。それなら、自分が無理強いしているときに考えてほしい。それが正しい行為と言えるだろうか、と。

だから、どうかこの難題に正面から取り組んでほしい。確固とした意見を持っていると、情熱が邪魔をすることがある。もちろん、確信を抱くのはそれ自体悪いことではない。揺るぎない意見を持ってもかまわない。だが、それを表明しようとするときに問題が生じる。

たとえば、ある考えや大義を強く信じていると、感情のスイッチが入り、それを他人にもどうにかして信じてもらおうとする。すると、自分の意見やアイデアがスムーズに共有認識のプールに流れ込まなくなる。むしろ、消火栓から荒々しく噴き出す水のように、考えや気持ちが口から飛び出す。その結果どうなるだろう？　相手は守りの態勢に入る。感情のせいで自分の意見やアイデアが、ただの苦痛をもたらす耳障りな言葉と化してしまえば、素直な情熱もその意見やアイデアを支える役には立たず、むしろマイナスの影響をもたらすことになる。

自分に気づく　それでは、どうすればいいのか？　独演会を始める前に、自分の状態に気づくことだ。自分が怒りを覚え始めている、あるいは、相手が賛同してくれない理由がわからない（自分には疑う余地のないことなのに）というときには、自分が危険な領域に入りつつあることを自覚してほしい。

強すぎる断定的な言葉は避けよう。だが、自分の意見まで引っ込める必要はない。自分の意見はきちんと主張すべきだ。ただし、相手への態度を和らげることを忘れてはいけない。

私のクルーシャル・カンバセーション――ローリー・A

三年前、私の一〇代の娘が双極性障害と診断された。信じられないほど躁うつが激しく、暴力的になったかと思うと深いうつ状態に落ち込む。私も夫も、娘の将来に不安を感じていた。

双極性障害の場合、症状を安定させる薬の最適の組み合わせを見つけるまでに、かなりの時間がかかる。その間、患者は与えられた処方をきちんと守らなければならない。もちろん、市販薬やアルコールは禁止である。この難しい時期、私たち夫婦は娘が暴力的になったときに備え、家に警備員を置いた。娘がドラッグやアルコールに頼ったり自傷行為を働いたりしても、どうすることもできなかった。やがて娘は学校へ行くのをやめた。私たち夫婦は娘を入院させ、あとは祈るしかなかった。

だが、私が躁うつ状態の娘に「クルーシャル・カンバセーション」のスキルを使い始めると、それが功を奏した。とりわけ「コントラスト化」は、娘の怒りや悲しみを発散させるのにきわめて効果があった（今でもそうだ）。また、娘の症状が安定したあとでは、「プロセスを告げる」スキルが、文字どおり救いの手となった。懸念を伝えるときにこちらの判断を示さず、事実に基づいて懸念を述べ、娘に自分の思いを伝えるよう促すと、以前よりも私の話に耳を傾けてくれるようになったのだ。

「クルーシャル・カンバセーション」のおかげで、娘に手を差し伸べるのが難しい時期に、娘との関係を保つことができた。あの診断を受け、治療して以来、娘の生活は一変した。薬を服用し、治療に通い、友人とのつき合いを改め、学校でストレスを感じるときには教師に支援を求め、特別支援学校の子供たちと教会でボランティア活動を行っている。そして何よりも、私や夫に話しかけてくれるようになった。

今後さらなる問題に直面するかもしれないが、私には「クルーシャル・カンバセーション」のスキルがある。このスキルのおかげで、私たち夫婦はさまざまな形で娘を救うことができたのだと思う。

――ローリー・A

まとめ――プロセスを告げる

伝えにくいことがあるとき、あるいは、自分の正しさを確信するあまり相手に無理強いしているかもしれないときには、自分の「プロセスを告げる（ＳＴＡＴＥ）」スキルを試してみよう。

- 事実を共有する　Share　自分の「行動へのプロセス」のうち、もっとも言い争いになりにくい要素、もっとも説得力のある要素から話を始める。
- ストーリーを語る　Tell　自分がその事実をどう解釈しているかを説明する。
- 相手のプロセスを尋ねる　Ask　相手にも事実やストーリーを話すよう求める。
- 仮説として話す　Talk　自分のストーリーを数あるストーリーの一つとして話す。決してそれが事実であるかのように話してはいけない。
- 反応を引き出す　Encourage　相手が異なる意見や反対意見を安心して言える状況を生み出す。

8

相手のプロセスを探求する

――相手が腹を立てたり黙り込んだりしているときに話を聞くには

相手を説得したければ耳を使うといい。相手の声に耳を傾けるのだ。

――ディーン・ラスク

あなたにウェンディという娘がいたとしよう。数ヵ月前からこのウェンディが、今にも重大犯罪を起こしそうな風体をした男とつき合い始めた。このどうにも気にくわない男とつき合って数週間もすると、ウェンディの服装がいやに挑発的になり、その会話にも頻繁に汚い言葉が混じるようになった。あなたは、最近のこうした変化について娘とじっくり話をしようとするが、娘は侮辱的な言葉であなたを非難し、何時間も自分の部屋に閉じこもってしまう。

さて、ここで問題だ。あなたが沈黙や暴力に訴える人でないなら、こんなときにどうすればいいだろう？　相手が、黙り込んだり（自分の考えや気持ちを言わない）怒りをあらわにしたり（口汚い侮蔑的な言葉を投げつける）して、共有認識のプールに害を与えている。そんな場合に、相手を会話に連れ戻す方法はあるのか？

その答えは「時と場合による」と言う人がいるかもしれない。「触らぬ神に祟りなし」と考え、面倒なことに巻き込まれたくなければ、何も言わないほうがいい。つまり、言いたいことがあるのに口を開こうとしないのも、怒りを爆発させているのも相手のほうだ。逃げ場があるなら逃げろ。相手の考えや気持ちに対して責任は負えない、という考え方だ。だが、果たしてそれでいいのだろうか？

繰り返しになるが、当事者全員が共有認識のプールに自由に意見を追加できないかぎり、意見の不一致を克服することはできない。それを克服するためには、腹を立てたり黙り込んだりしている人も会話に参加させる必要がある。確かに、相手を無理やり会話に引きずり込むことはできない。だが段階を踏んで相手を安心させれば、会話を再開できる。結局のところ、相手が沈黙や暴力に訴えるのも、安心を求めているからだ。彼らは、会話により自分が傷つくことを恐れている。本音で話をすれば、悪い結果になると思い込んでいる。たとえば、ウェンディの場合、あなたと話をすれば、説教され、外出を禁止され、自分のことを気にかけてくれる唯一の男性と別れなければならなくなると思っている。だから、二人の関係を回復したければ、まずは相手を安心させなければならない。

相手のプロセスを探求する

第5章で述べたように、安全性が損なわれていることに気づいたら、話の内容から一歩身を引き、安全性を回復することが必要だ。配慮に欠ける行為で相手を怒らせたのなら、謝罪しよう。相手がこちらの意図を誤解しているようなら、「コントラスト化」のスキルを用い、自分が意図していること、意図していないことを説明しよう。単に意見が食い違っているだけなら、「共通の目的」を探せばいい。

さらにここで、もう一つスキルを紹介しよう。それは「相手のプロセスを探求する」スキルである。相手にも沈黙や暴力に至る「行動へのプロセス」がある。そこに相手を安心させる鍵がある。相手が、自分の「行動へのプロセス」（自分が持っている事実や不愉快なストーリー、嫌な気持ち）を訴えても大丈夫だと思えれば、心を開く可能性は高くなる。

だが、相手にそう思わせるためには何が必要なのか？

本音を探る——耳を傾ける準備をする

誠実に対応する　相手の事実やストーリーを共有認識のプールに入れるには、相手に心の内を表に出すよう促す必要がある。その方法についてはあとで説明するとして、ここでは以下の点を強調しておきたい。相手に自分の気持ちを述べるよう促すときには、形だけでなく心からそうしなければいけない、ということだ。たとえば、以下の事例を考えてみよう。医療機関で、ある患者が治療を終え、帰りの手続きを待っている。受付係はその様子から、この患者が少々不安を感じていることに気づく。釈然としない思いを抱いているのかもしれない。

「治療に問題はありませんでしたか?」と受付係が尋ねる。

すると患者は「だいたいは」と答える（「だいたいは」という言葉は、何か問題があることをほのめかすときによく使われる）。

「そうですか」。受付係はそっけなくそう答えると、大きな声で「次の方!」と言う。

これは、興味があるふりをする典型例である。この質問には「ごきげんいかが?」といった意味しかない。つまり、こういうことだ。「難しいことは何も言わないでください。私はあいさつ程度のつもりで言っているだけですから」。相手に心を開いてもらいたいのなら、まずはこちらに耳を傾ける心がまえが必要だ。

好奇心を抱く　相手の意見を聞きたいとき（共有認識のプールに追加するためには、相手の意見を聞かなければいけない）、真実に至るいちばんの近道は、相手が沈黙や暴力に至ったストーリーを安心して話せるようにすることだ。そのためには、相手が腹を立てた瞬間に、その事態に好奇心を抱くようにするといい。相手と同じ対抗手段を取るのではなく、この事態の背後に何があるのだろうと考えるのである。

しかし、相手が暴力や沈黙に訴えているときに、好奇心を抱いて何をすればいいのだろう？　会話に長けた人は、相手が不安を感じると、必ずその理由を探し求める。というのは、会話を再開するためには、不安や不愉快の原因をたどるのがいちばんいいことを知っているからだ。こういう人はおそらく、他人の行動を見てそれを学んだか、自分でそれに気づいたのだろう。いずれにせよ、沈黙や暴力に対処したいのなら、同じ手を使ってそれに対抗するのではなく、その原因を探ったほうがいい。相手が沈黙や暴力に訴え、こちらがもどかしさや怒りを感じそうになったときに、相手の状態に心からの好奇心を示す必要があるのはそのためだ。

相手と同じ手段で対抗したくなる気持ちを抑え、心から好奇心を抱くようにするには、好奇心を抱く機会をこちらから探すといい。まずは、会議などの場で、相手が感情的になりつつあることに気づいているが、こちらはまだ感情をコントロールできるという状況を見つける（こちらが個人的に攻撃されていない段階であれば、まだ言い争いに夢中になることもないだろう）。そして、相手の不安や怒りの原因を突き止めることに全力を尽くす。アドレナリンを放出するのではなく、好奇心のスイッチを入れる機会を探そう。

先に紹介した不安げな患者の事例に話を戻し、好奇心を発揮するとどうなるか見てみよう。

受付係　治療に問題はありませんでしたか？

患者　だいたいは。

受付係　と言いますと、何か問題がおありなのではないでしょうか？

患者　実を言うと、ひどく痛むの。それにあの先生、その、かなりの高齢なんじゃない？

この場合、患者は率直に話すことをためらっている。心の内を正直に伝えてしまえば、医師を侮辱することになり、他の医療スタッフも気を悪くするのではないかと思っている。そこで受付係はこの問題に対処するため、話をしても大丈夫だと患者に知らせる（適切な口調と言葉を用いて）。すると患者も口を開く。

好奇心を維持する　相手が感情的なストーリーや気持ちを述べ始めると、こちらは相手がそんなふうに考える理由を理解しようとする。するとそれをきっかけに、こちらが「被害者のストーリー」や「悪党のストーリー」、「無力な人のストーリー」を生み出してしまうおそれがある。あいにく、ほかの人の不愉快なストーリーを聞くのは、決して心地よいものではない。そのためこちらは、相手に悪意があるのではないかと疑ってしまうのだ。

先の例で言えば、こんな感じだ。

受付係　あなたはありがたいと思わないんですか？　あの先生は患者を助けることに人生を捧げています。それなのに、少しぐらい高齢だからといって、先生をお払い箱にしろというんですか！

相手のストーリーに過剰に反応しないようにするには、好奇心を維持することだ。そのためには、脳が集中し続けられるような問いを自分に投げかければいい。こう自分に問いかけるのだ。「道理をわきまえた常識的な人が、なぜそんなことを言ったのだろう？」。そうすれば、相手の「行動へのプロセス」を、その全容がわかるまで、さかのぼってたどり続けることができる。そしてたいていの場合、相手がこのような状況下ではきわめて理にかなった解釈をしていたことがわかるだろう。

我慢する　相手が感情や意見を行動で示し、沈黙や暴力に訴えてきたら、相手にアドレナリンの効果が現れ始めていると考えて間違いない。こんなときには、相手の言葉の攻撃に適切に対処するようこちらがいくら努力しても、相手が落ち着くまでにはしばらく時間がかかる。たとえば、友人が不愉快なストーリーをぶちまけてきたが、あなたはそれに敬意を持って対処し、話を続けたとしよう。あなたと友人は今では同じ見解を共有しているが、それでも友人はまだ自分の意見を無理強いしてくるように見えるかもしれない。人間は一般的に、考えは次から次へとすぐに変わるが、強い感情は治まるまでにある程度時間がかかる。感情をあおる化学物質が一度放出されると、それはしばらく血流に留まり、場合によっては考えが変わっても、かなりあとまで残っている。

だから、相手の考え方や気持ちを探求するときには我慢が必要だ。相手に「行動へのプロセス」を伝えるよう促し、安全性を確保したら、あとは相手の感情が治まるのを待とう。

相手にプロセスをさかのぼるよう勧める

好奇心を維持する覚悟ができたら、相手が自分の「行動へのプロセス」をさかのぼる手伝いをしよう。残念ながら、大半の人はこれがうまくできない。というのは、相手が沈黙や暴力に訴え始めたときには、相手はすでに「行動へのプロセス」の最後の段階にいるからだ。相手は見聞きしたことをもとに、一つか二つストーリーを創り、そこから感情を生み出す（おそらく不安と怒りの入り混じったものか失望だろう）。そして、それを行動で示し始めている段階で、こちらとの話を始める。つまり、こちらは相手の話を最初から聞いているつもりかもしれないが、相手はもうプロセスの最後の段階に来ているのだ。図表8-1に示した「行動へのプロセス」のモデルを見れば、行動はプロセスの最後にあるのがわかるだろう。

図表8-1　行動へのプロセス

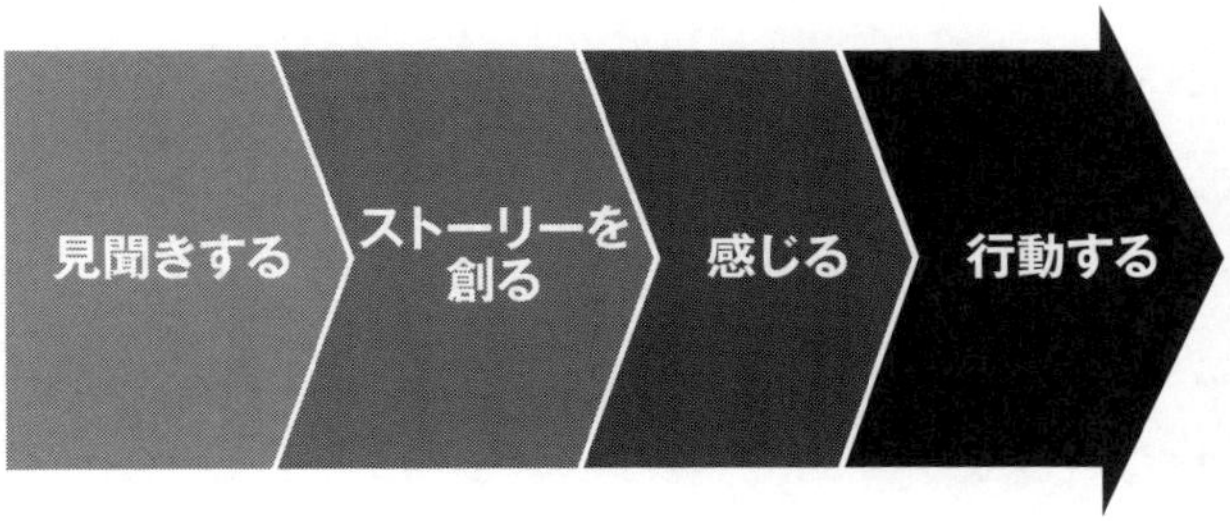

あらゆる行動には理由がある　この厄介なプロセスに驚かされる経験がどんなものかわかるように、一つたとえ話をしよう。フットボールの試合が長引いたせいで、あなたのお気に入りのミステリー番組の放映開始が遅れてしまった。試合が終わると、実況や解説の三人の姿がフェードアウトし、女優が他殺死体を見下ろしている場面がフェードインしてくる。そして画面の下のほうに、こんな腹立たしいテロップが入る。「前の番組の延長のため、途中からの放映になります」

あなたは憤慨してリモコンを放り投げる。導入部がまるまる見られなかったのだ。この番組の残りを見ている間、あなたは事件の鍵となる事実を推測するほかない。自分が見始める前に何があったのだろう？

クルーシャル・カンバセーションも、これと同じような謎や不満に満ちている場合がある。相手が沈黙や暴力に陥っているとき、私たちは相手の「行動へのプロセス」に途中から足を踏み入れることになる。そのため、相手のストーリーの土台になっているものがわからず、混乱してしまう。注意していないと、こちらも守りの態勢に入りかねない。こちらは相手のプロセスに遅れて入っていくだけでなく、相手が不快な態度を示しつつあるときに入っていくことになるからだ。

悪循環を断ち切る　それからどうなるだろう？　こちらは、相手の仕返しや非難、皮肉や嫌みを受けることになる。すると、「相手は何か興味深いストーリーを創り上げたに違いない。何があったんだろう？」とはとても考えられなくなり、相手と同じ不健全な態度で対抗する。太古の昔から遺伝子に組み込まれている防御機構を作動させ、性急で不愉快きわまりない「行動へのプロセス」を生み出す。

だが分別のある人は、この危険な連鎖を断ち切ることができる。言い争いから一歩身を引き、相手が自分の「行動へのプロセス」を安心して話せるようにする。相手が激しい感情や反射的な反応から離れ、根本原因に目を向けることができるようにする。要するに、相手と一緒になって相手の「行動へのプロセス」をさかのぼるのである。うまく促せば、相手は感情から自分の創ったストーリーへ、ストーリーから自分の見聞きした事実へと、プロセスを前へたどっていく。

相手がプロセスの最初までさかのぼって見直していくのを手伝ってやれば、こちらが反射的な反応を抑えるのにも役立つ。また、相手だけでなくこちらも、感情の整理をつけられる場――その感情のもとになったストーリーや事実――に戻ることができる。

相手に話を促すスキル

いつ？　これまでの説明で述べたとおり、相手が話すべきストーリーや伝えるべき事実を持っていそうなときには、それを口に出すよう勧めるべきだが、そのタイミングは実にわかりやすい。相手が沈黙や暴力に陥ろうとしているときだ。相手が動揺や不安や怒りを感じていれば、何らかの形を取って表れる。その相手の感情の根本原因にまでたどり着かなければ、その感情の悪影響を受けることになる。だから、こうした相手の反応に気づいたら、相手が「行動へのプロセス」をさかのぼれるように、できるかぎりのことをしよう。

どのように？　これも先に述べたが、心を開いてプロセスを伝えるよう相手に要請するときには、形だけでなく心から要請しなければならない。言葉どおりに信頼でき、敵意や不安や暴言に直面しても屈することのない真摯な要請である。これは、次の質問とも関係している。

何を？　では実際に何をすればいいのか？　相手にプロセス（ストーリーや事実）を語らせるためには何をすべきか？　その答えは、一言で言えば、耳を傾けることだ。相手が感情に従って行動するのをやめ、見聞きした事実やその解釈についてこちらに話をするよう仕向けるには、相手が安心して心の内を語れるような態度で耳を傾ければいい。自分の考えを率直に打ち明けても、怒られることも懲らしめられることもないと、相手に思わせることが必要だ。

質問、ミラーリング、パラフレーズ、プライミング（AMPP）

それでは、相手にプロセスを語らせたいときに使える強力なツールを四つ紹介しよう。このツールを使って耳を傾ければ、相手は安心して心の内を打ち明けてくれるはずだ。この四つの強力なリスニング・ツール（Ask, Mirror, Paraphrase, Prime）は、その頭文字を取って「AMPP」と覚えるといい〔この略語は「増幅器」を意味する「amp」に通じ、聞き取り能力を増幅してくれる〕。便利なことにこのツールは、沈黙にも暴力にも効果を発揮する。

質問して前に進める（Ask to Get Things Rolling）

相手に「行動へのプロセス」を語るよう促すもっとも簡単な方法は、自分の考えを述べるよう相手に要請することだ。相手の考えを理解しようとしさえすれば、行き詰まりを打開できるという場合は多い。こちらが相手の考えに心から興味を示せば、相手も沈黙や暴力に頼らなくていいと思えるようになる。本章の冒頭で紹介した事例で考えてみよう。ウェンディがにやにや笑いながらこう言う。「この新しい服どう？　警察でも呼ぶ？」

そんなとき、あなたはこう尋ねればいい。「どういう意味？　何か心配ごとがあるのなら聞きたいんだけど」

あなたが自分の意見で共有認識のプールを満たそうとせず、一歩身を引いて、思っていることを話すよう相手に伝えれば、悪循環を断ち切り、問題の根本原因にたどり着く大きなきっかけになる。

相手の意見を尋ねるときには、ほかにも以下のような言葉がよく使われる。

「どうしたの?」

「この点について、ぜひきみの意見が聞きたいんだが」

「別の見方があったら教えて」

「ぼくが傷つくかどうかは気にしなくていいから。きみの考えを聞かせてくれ」

ミラーリングで感情を確認する(Mirror to Confirm Feelings)

自分のプロセスを伝えるよう要請しても、相手が心を開かない場合がある。そういうときにはミラーリングを利用すれば、相手をさらに安心させられる。ミラーリングとは、相手の「行動へのプロセス」のうち、こちらがすでに理解している部分を取り上げ、相手がそれについて安心して議論できるようにするスキルである。この段階ではまだ、こちらが理解しているのは、相手の行動と、相手の感情に関するいくつかの手がかりしかない。そのため、そこがスタート地点になる。

ミラーリングではその名のとおり、こちらが鏡の役割を演じ、相手の様子や行動を描写する。相手のストーリーや事実はまだ把握していないかもしれないが、相手の行動を見てそれを描写することはできる。

ミラーリングは、相手の口調や身ぶり（その背後にある感情への手がかり）が言葉の内容と一致しない場合にもっとも効果を発揮する。たとえば、こんな場合だ。「心配しないで。大丈夫だから」（だがそう言いながらも、態度や口調からはかなり動揺していることがうかがえる。顔をしかめたり、あたりを見まわしたり、地面を蹴りつけたりしている）。

「ほんと？　その様子からすると、とても大丈夫そうじゃないけど」

こうして、当人の話の内容がその口調や態度とは違うように見えることを説明する。そうすれば、自分が観察した行動について述べているだけであり、相手に敬意を払いつつ懸念を表明できる。

ただし、自分が観察したことを描写するときには、その口調や話し方によく注意してほしい。こちらが相手の感情を理解したとしても、相手は安心しない。相手がその感情を抱いていてもこちらは大丈夫だということを口調で示せば、相手は安心する。これをうまく実践すれば、相手は感情を行動で示すのはやめ、その感情について自信を持ってこちらと話ができるようになる。

そのため、見聞きしたことを描写する際には、落ち着きが必要だ。取り乱したふるまいをしたり、相手の言うことが気に入らないような態度を取ったりすれば、相手は安心しない。むしろ疑念を深め、さらに黙り込むだけだろう。

ミラーリングでは、ほかにも以下のような言葉が使われる。

「大丈夫だと言うけど、その口調からすると困っているんだろう」

「私に腹を立てているみたい」

「彼と会うのが不安そうなんだけど、本当にそうしたいの？」

パラフレーズ（言い換え）でストーリーを確認する（Paraphrase to Acknowledge the Story）

質問とミラーリングで、相手のストーリーの一部を語らせることができたとしよう。こうして相手が特定の感情を抱いている理由について手がかりがつかめたら、聞いた話をパラフレーズ（言い換え）することで、さらに相手を安心させられる。ここで注意しなければならないのは、パラフレーズであってオウム返しではないということだ。聞いた話を短くまとめ、自分の言葉に言い換えるのである。

「パパがきちんと理解しているか確認してみよう。おまえが怒っているのは、おまえの服にパパが文句を言ったからだ。おまえにはそれが、威圧的で非難がましいと思えたんだな」

パラフレーズの鍵は、ミラーリング同様、落ち着いて冷静に対処することにある。こちらの目的は相手を安心させることであって、びくびく行動することでも、会話が不愉快な方向へ向かっていることを指摘することでもない。道理をわきまえた常識的な人間であるはずの相手がどうしてこのような「行動へのプロセス」を生み出したのか、それを明らかにすることに集中してほしい。これには、こちらが怒りの感情を抱いたり、守りの態勢に入ったりするのを防ぐ効果もある。なお、パラフレーズのときも、万事問題がないこと、こちらが理解しようとしていること、率直に話をしても安全なことを口調で相手に示すようにしてほしい。

無理強いしない 次のような場合を考えてみよう。相手には、すでに伝えていることのほかにまだ伝えたいことがあるはずなのに、沈黙や暴力に訴えようとしている。こちらはその理由が知りたい。その根本原因（事実）にまでたどり着けば、問題を解決できるかもしれない。相手に話をするよう促すため、こちらは三つのツールを試した。質問、ミラーリング、パラフレーズである。だが相手はまだ腹を立てたまま、ストーリーや事実を説明しようとしない。

さて、どうすればいいだろう？　こんな場合には、一息つくのも一つの手だ。相手を安心させる試みを長く続けていると、うるさく尋ねてくるとか詮索されていると思われてしまうかもしれない。無理強いは、目的と敬意の双方を損なう。相手がこちらの目的を誤解し、ただ自分から望みどおりの言葉を引き出したいだけであり、自分のことなど気にかけていないのだと思い込んでしまうおそれもある。だからこんなときは、いったん身を引こう。相手の感情の根本原因にたどり着こうとするのをいさぎよくあきらめ、間を置くか、相手が何を望んでいるかを尋ねるといい。相手に望みを尋ねれば、相手もその問題に頭を使うようになるため、攻撃や沈黙を避けられる。また、相手が思う問題の原因を明らかにするのにも役立つ。

行き詰まったらプライミング（Prime When You're Getting Nowhere）

一方、相手は包み隠さず話したがっているのに、まだ安心できないから話せない場合もある。あるいは、アドレナリンの効果が残っていてまだ感情が高ぶっているため、腹を立てた理由を説明できない場合もある。こんなときには、プライミングを試してほしい。相手にまだ伝えたいことがあり、こちらからもう少し働きかければ話してくれるかもしれないというときこそ、プライミングの出番である。

この「プライミング」という言葉は、「プライム・ザ・ポンプ（prime the pump）」という表現に由来する。これは「景気を刺激するために政府支出を増やす」ことを意味するが、地下水をくみ上げる旧式の手押しポンプを使ったことがある人は、この比喩がわかるだろう。手押しポンプの場合、水をくみ上げるにはまず、ポンプに「呼び水」を入れなければならないことが多い。この呼び水を入れることで、水をくみ上げられるようになる。これと同じように、相手に意見を促す場合にも、相手が考えていること、感じていることを推測し、もっとも妥当だと思われる推測を提示すると、相手が心を開いてくれる場合がある。「共有認識のプール」に相手の考えや気持ちをいくつか放り込んでやれば、相手もそれに反応してくれる。

筆者は数年前、ある会社の経営陣と仕事をした。経営陣はそのころ、会社のある作業エリアに夜勤を導入する決定を下していた。そのエリアの設備が十分に活用されておらず、そのまま放っておく余裕もなかったため、午後三時から深夜までの夜勤労働を追加することにしたのだ。しかしそのためには、現在昼間に働いている従業員が、二週ごとに昼勤と夜勤を交代しなければならない。仕方のない苦悩の選択だった。

経営陣が会議を開き、この嫌がられそうな変更を伝えると、従業員は黙り込んでしまった。明らかに不満そうだが、誰も口を開かない。業務管理担当者は不安になった。従業員は誤解し、会社は金をもうけることしか考えていないと思っているのではないか？　実際にはそのエリアは赤字を出しており、現在の従業員を守るためにこの決定が下されている。夜勤を追加しなければ、そのエリアでの仕事をやめるしかない。だが、従業員に交代勤務を要求すれば、夜を家族とともに過ごせなくなり、大変な負担をもたらすこともわかっていた。

従業員は、憤慨しながら黙って座っている。担当者は、従業員の不満が解消されないまま会議を終わらせたくないため、従業員に話をさせようと最善を尽くした。「あなた方が怒っているのはわかっている。怒らない人などいないだろう。こちらに何かできることがあれば言ってくれ」とミラーリングのスキルを使うが、何の効果もない。そこで担当者はプライミングを試みた。つまり、従業員が考えていそうなことを推測し、もっとも妥当と思われる推測を提示し、そのような話をしても大丈夫だという態度を示してみせた。「お金をもうけるためだけに経営陣がこんな決定を下したと思っているのではないかな？あなた方従業員の私生活のことなど経営陣は気にしていないのだ、と」

するとと、しばらく間があったあと、誰かが口を開いた。「ええ、確かにそう見えます。この決定によりどんな問題が起こるかわかっているんですか？」。するとほかの従業員が同調し、話し合いが本格的に始まった。

このスキルは、ほかのスキルでは効果がなかったときに試してみてほしい。相手からぜひとも話を聞きたいが、相手が考えていそうなことがはっきりわかる場合だ。プライミングは、自分を危険にさらして安全性を高め、相手に考えや気持ちを明らかにするよう促す誠実な行為である。

相手が間違っていたらどうしよう？

相手のプロセスがこちらのプロセスと大幅に異なる場合、相手の意見を誠実に探究するのが危険に思えることもある。相手がまったく間違っているかもしれないのに、それに冷静に耳を傾けようとすることに不安を覚える方もいるだろう。

相手のプロセスが自分とは異なっていたり間違えていたりして、それを探求することに不安を感じる場合、次の点に注意してほしい。こちらは、相手の意見を理解しようとしているのであって、必ずしもそれに同意したり賛成したりしようとしているわけではない。理解と同意は違う。思いやりをもって接したからといって黙認することにはならない。だが、段階を追って相手の「行動へのプロセス」を理解しようとすれば、相手の見解を拒否しない姿勢を示すことができる。それに、相手の話を聞いたあとでも、こちらが自分のプロセスを伝える時間はたっぷりある。とりあえずこの段階では、相手が考えていることを突き止め、相手が現在の気持ち、現在の行為に至った理由を理解しようとしているだけだと考えてほしい。

ウェンディのプロセスを探求する

それではウェンディの事例に話を戻し、実際のやり取りの中でこれらのスキルがどのように組み合わされ、利用されているかを見てみよう。ウェンディは今、あなたが嫌うボーイフレンドとのデートから帰ってきたところだ。あなたは扉を開き、ウェンディを家の中に引っ張り込み、玄関に鍵をかける。するとこんな会話が交わされる。

ウェンディ　どうしてそんな私を困らせるようなことばかりするの！　やっと私を好きになってくれる男の子ができたのに、口もきいてくれなくなっちゃうじゃない！　パパなんて最低！

あなた　ただの男の子じゃない。いずれ犯罪者になるやつだ。おまえにはふさわしくない。どうしてあんなやつと時間を無駄に過ごすんだ？

ウェンディ　パパのせいで私の人生はめちゃくちゃよ。ほっといて！

ウェンディがドアを乱暴に閉め、寝室に閉じこもってしまうと、あなたは居間の椅子に腰を下ろす。あなたの感情は荒れ狂っている。ウェンディがこのままあの男とつき合い続けたらどうなるかと思うとぞっとする。だが、娘から「最低」と言われたことに傷ついてもいる。娘との関係が手に負えない状況になりつつある。

そこであなたは、「私が心から望んでいることは何か?」と自分に問いかけてみる。この問題についてじっくり考えていると、やがてあなたの目的が変わった。当初は、自分のプライドを守り、ウェンディに言うことを聞かせることが第一の目的だったが、そんなことはどうでもよくなった。そして、もっと希望に満ちた目的がそれに代わった。「ウェンディの気持ちを理解したい。娘と幸せな関係を築きたい。そして、娘が幸せになれるような選択をさせたい」

今晩話したほうがいいのか、今晩は話さないほうがいいのかわからなかったが、前に進むためには話をするしかない。そこで思いきって試してみた。

あなた　（ドアをノックする）ウェンディ？　ちょっと話をしてもいいかな？

ウェンディ　好きにして。（あなたは部屋に入り、娘のベッドの上に座る）

あなた　あんなふうにおまえを困らせて本当にすまない。やり方が間違ってた。［謝罪して安心させる］

ウェンディ　パパはいつもそう。私の人生を思いどおりにしたいみたい。

あなた　それについて話をしてもいいかな？［質問する］

ウェンディ　（怒っているような声で）別にいいよ。親ってそういうものなんでしょ。違う？

あなた　その言い方からすると、別にいいとは思ってないんじゃないかな。［ミラーリング］。パパはどうしても知りたいんだ。パパがお前の人生を思いどおりにしようとしているなんて、おまえはどうしてそう思うんだ？［質問する］

ウェンディ　そんなふうだから、よけいにいらいらするのよ。ようやく私を受け入れてくれる友だちを一人見つけたのに、パパがその人を追い払おうとしているんでしょ！

あなた　つまり、パパはおまえを認めていないけど、その友だちはおまえを認めてくれる。そう思ってるってこと？［パラフレーズ］

ウェンディ　パパだけじゃない。私の友だちは誰でも、好きになってくれる男の子がたくさんいる。でも、私に電話をかけてきてくれた男の子は、ダグが初めてなの。それだけのこと。

あなた　ほかの友だちは男の子から注目されて、おまえだけ注目されないんじゃ、悲しい気持ちになるのもわかるよ。そんな経験をしたら、たぶんパパも同じ気持ちになると思う。［パラフレーズ］

ウェンディ　だったら、どうしてあんな私を困らせるようなことをするの？

あなた　ウェンディ、ちょっとパパが考えていることを言ってみてもいいかな？　おまえが今までと違う服を着たり、違う友だちとつき合ったりするようになったのは、男の子からも、親からも、ほかの人からも気にかけてもらえない、大切に思われていないと思っているからじゃないかと思うんだが、どうかな？［プライミング］

ウェンディ　（しばらく黙って座っていた後に）私ってどうしてこんなにブスなの？　きれいに見えるようにがんばってるんだけど……。

ここから話は本題に入る。根本的な問題について親子で話し合えば、双方が互いをいっそう深く理解できるようになる。

ＡＢＣを忘れない

相手が安心して話せるように、自分なりに最善を尽くしたとしよう。質問、ミラーリング、パラフレーズ、プライミングのスキルにより、相手は心を開き、自分のプロセスを伝えてくれた。次は、こちらが話をする番だ。しかし、こちらが相手の意見に同意できない場合、どうすればいいだろう？　相手の提示した事実が一部間違っていたり、相手のストーリーがまるで混乱していたりするかもしれない。そうでなくても、相手のストーリーがこちらのストーリーと大きく異なることはある。そんなときにどうすればいいのか？

同意する（Agree）

家族や作業部会の議論が白熱しているときに、ある興味深い場面に出くわすことがよくある。当事者は激しく言い争っているのに、実は合意に至っているという場面だ。重要なポイントについてはすべて合意に至っているのに、まだ言い争いをやめない。つまり、ささいな相違にこだわって荒々しい口論を続けているのだ。

たとえば昨晩、あなたの一〇代の息子のジェームズがまた門限を破った。翌朝、あなたは妻と、約束を守らない息子の処罰について話をする。前回ジェームズが遅れて帰ってきたときには、二人で相談して息子を外出禁止にした。ところが今回妻は、ジェームズを今週のフットボールの合宿に参加させたいと言う。それを聞いたあなたは、妻が前回から立場を変えたように思い、腹を立てる。だが結局のところ、それは単なる誤解に過ぎなかった。あなたも妻も、外出禁止には賛成だ。つまり、中心的な問題については合意ができている。それなのにあなたは、妻が合意を反故にしたと勘違いした。実際には、外出禁止の罰を始める日を決めていないだけだったのだ。このように一歩身を引き、両者が言っていることによく耳を傾けさえすれば、大本では意見が一致していることに気づける。

大半の言い争いは、事実やストーリーのうち、意見が一致しない五～一〇パーセントの部分をめぐって行われる。最終的にはもちろん、こうした相違点について話し合う必要はあるが、そこから話を始めるべきではない。合意できる部分から話を始めよう。

つまり、以下のように考えてほしい。相手のプロセスに完全に同意するなら、そう言って話を先へ進める。同意できるときには同意する。同意しているのに言い争うことはない。

補足する（Build）

もちろん、同意しているのに言い争ってしまうのは、相手の言葉のある部分に同意できないからだ。それがささいな部分かどうかは関係ない。同意できない点があれば、私たちはついそれに飛び付いてしまう。

実際、幼いうちからささいな誤りにこだわる人がいる。たとえば、ある子が幼稚園時代に、正しい答えを見つけるのはいいことであり、それを最初に見つけられればなおいいことに気づいたとしよう。この場合、ほかの人が間違えたあとで、最初に正しい答えを見つければ、いっそうほめられるのは言うまでもない。すると、やがてこの子は、ほかの子の言葉、考え方、論理の中にごくささいな誤りでも見つければ、教師や同級生からほめられ、自分の立場が向上することに気づく。そのため、ほかの人の誤りを指摘し、それを利用して巧みに自分の正しさを見せることが楽しくなる。

こうして学生時代を終えるころには、ささいな違いをとらえ、それを大問題にしてしまう才能を身につける。こういう人は、ほかの人が（事実やストーリーに基づいて）何らかの提案をすると、まずは同意できない点を探そうとする。そして、ささいな違いを見つけては、そこにいつまでもこだわる。その結果、健全な会話を維持できず、同意しているのに言い争うことになってしまう。

一方、会話に長けた人を観察していると、こんな「ささいな違いの探求」ゲームに夢中になっていないことは明らかだ。こういう人は、つまらない違いを探し出し、それを声高に宣言するようなまねはしない。むしろ、同意できる点を探そうとする。そのため、たいていは「私もそう思う」という言葉で話を切り出し、同意できる部分について話をする。少なくとも、そこから話を始める。そのとき、問題のある要素を相手が見落としている場合には、同意したうえで補足する。「違う。あなたは忘れているが……」ではなく、「そのとおり。さらに言えば……」という言い方が理想的だ。

言われたことには同意するが、情報が不完全だというときには、補足しよう。まずは同意する部分を挙げ、そのあとで、議論から抜け落ちている要素をつけ加えるのである。

比較する（Compare）

相手の意見に同意できないときには、自分のプロセスと相手のプロセスを比較しよう。つまり、相手が間違っていると考えるのではなく、意見が違うと考えるのだ。実際、相手が間違っている可能性はあるが、双方のストーリーを理解しなければ、確かなところはわからない。この段階ではまだ、両者の意見が違うことがわかっているだけだ。そのため、「それは間違っている！」と断言するのではなく、仮説として、だが率直にこう切り出そう。「私とは見方が違うみたい。どう違うのか説明してもいい？」

そう言ってから、第7章で説明したＳＴＡＴＥスキルを使ってこちらのプロセスを伝えよう。つまり、まずはこちらの見聞きした事実を伝え、仮説としてこちらのストーリーを話し、相手にこちらの見解について考えさせる。そして、自分のプロセスと相手のプロセスを比較する作業を相手に手伝ってもらう。こうして二人で協力して、違いを調べ、その理由を明らかにする。

まとめよう。これらのスキルは、その頭文字を取って「ＡＢＣ」と覚えるといい。同意できるときには同意（agree）する。相手が重要な要素を見落としているときには補足（build）する。そして、二人の意見が違うときには比較（compare）する。違いを言い争いに発展させ、不健全な関係や悪い結果に陥らないようにしてほしい。

私のクルーシャル・カンバセーション――ダリル・K

数週間前、大いに尊敬している友人から「クルーシャル・カンバセーション」に関する話を聞いた。その考え方は、深く心に響いた。というのも私は、リーダーシップに関する問題に悩んでおり、そのいずれもが、重要な決定につながる難しい話し合いにかかわっていたからだ。クルーシャル・カンバセーションの考え方に魅了された私は、すぐさま書店に行って、その本を購入した。読み始めると、ページを繰る手が止まらない。その日の夜も翌朝も、小説のように読みふけった。どのページも、私が置かれた厄介な状況に援助の手を差し伸べてくれるようだった。

この本を発見したちょうどそのころ、わが社と重要なパートナー企業との大がかりな契約交渉が最終段階を迎えていた。両社のテクノロジーをさらに発展させるための契約交渉だ。ベンチャー投資会社の資金援助を受け、合同でヨーロッパに企業を設立するためのものだった。しかしこの二ヵ月間、契約の締結が近づくにつれて議論がかみ合わなくなり、電話口で激しい言い争いになるなど、お互いへの不信感が高まっていた。私は、どうすれば相手ときちんと話ができるのかわからなくなってしまった。二週間前のそんなある日、相手からわが社に契約条件規定書が届いた。和解して合意するか、別々の道を歩むかを決めなければならない。だが、別々の道を歩めば、双方にとって悪い結果になることはわかっている。居ても立ってもいられなくなった私は先週、行き詰まりを打開し、契約をまとめようと、ジョン・F・ケネディ空港で交渉相手と会った。

私はその際、事前に本書を再読し、一筋の光明を見出すと、この新たなコミュニケーション方法を携えて交渉に臨んだ。まずは自分の主張をメモし、会話の間そのメモを手放さなかった。そして、本書の基本的なプロセスをたどって話をすると、まるで魔法のような効果を発揮した。会話がかみ合わなくなる場面がいくつもあったが、そのたびに関係を修復し、話し合いを前に進めることができた。大事なのは、自分の意見を主張したいという衝動を抑えて相手の考え方を探り、相手を安心させることだ。こうして六時間にわたる交渉の末、双方にとって申し分のない契約の大枠ができた。

契約の最終的な内容は、この二日間でまとめられた。時間的に余裕のない状況の中で、異なる大陸にいる相手と電話で、最終的な契約書の詳細を詰めなければならない。それは、至るところに地雷がある難しい交渉だった。実際、昨日もまたきわめて緊迫した雰囲気になり、もう少しでこれまでの努力が無に帰するところだった。私は四時間も電話にかじりつき、最後の詰めを乗り切れるよう交渉を立て直した。こうして昨晩には、一七ページに及ぶ契約書の中のある一語の調整を残すのみとなった。私がどうしても譲ろうとしないでいると、相手は私を脅してきた。そこで私は、またしても一歩身を引き、相手の考えを探り、「共通の目的」を見出すことで相手を安心させた。すると最後の問題もごく簡単に解決した。電話を終えたのは午前五時だった。本書のコミュニケーション・プロセスのおかげで、双方が共通の理解に到達することができた。

あのとき、親友がこの効果的なコミュニケーション方法を教えてくれなければ、この契約をまとめることはできなかったのではないかと心から思う。

——ダリル・K

まとめ――相手のプロセスを探求する

沈黙や暴力に訴える相手の心を動かし、認識の自由な流れを促すためには、相手の「行動へのプロセス」を探ることが必要になる。まずは、相手に好奇心を抱き、我慢強い態度で接するところから始めよう。そうすれば相手は安心できる。

次いで、四つの効果的なスキルを使って相手の話に耳を傾け、相手の「行動へのプロセス」を、その発端までさかのぼろう。

- **質問**　まずは、相手の意見に関心を示す。
- **ミラーリング**　相手が抱いている感情をきちんと受け入れ、相手を安心させる。
- **パラフレーズ**　相手が自分のストーリーの一部を話し始めたら、それをこちらの言葉で言い換える。そうすれば、こちらがそれを理解していることを伝えられるだけでなく、自分の考えを話しても安全だと相手に思わせることができる。
- **プライミング**　それでも相手が本心を打ち明けようとしないときには、相手が考えていること、感じていることを推測し、もっとも妥当だと思われる推測を提示して相手の反応を引き出す。

こちらの意見を伝えるときには、以下の点に注意する。

・**同意する** Agree 意見が同じときには同意する。

・**補足する** Build 相手が何かを見落としているときには、同意できる点に同意したうえで、補足する。

・**比較する** Compare 相手と意見が大きく異なるときには、相手が間違っていると考えず、両者の意見を比較する。

9

行動に移す
――クルーシャル・カンバセーションを行動に移して結果を出すには

何もしないことは誰にでもできる。

――サミュエル・ジョンソン

これまで述べてきたように、共有認識のプールは広げれば広げるほど会話の役に立つ。事情に基づいた判断が可能になり、それが賢明な行動、協調的な行動、積極的な行動につながる。そのため本書では、認識の自由な流れを促すため、会話に長けた人々から学べるスキルを紹介してきた。これらすべて、あるいはその一部のアドバイスに従えば、共有認識がいっぱいに満ちたプールの中を泳ぎまわることができる。そばにいる人に、じゃぶじゃぶいう音まで聞こえるに違いない。

ここで、最後にあと二つスキルを紹介しておきたい。より多くのアイデアや考えでプールを満たし、それを双方で共有したとしても、その共有認識をもとにどう行動するかという点で双方が合意できるとは限らない。たとえば、チームや家族が集まってさまざまなアイデアを出し合っても、そのアイデアを行動に移せない場合は多い。その理由は二つある。

・決定の方法がはっきり決まっていない。
・下した決定に従った行動ができない。

このような場合は危険だ。実際、共有認識のプールを広げる段階から行動に移る段階へ移行するときには、新たな課題に対処しなければならない。誰が決定という任務を引き受けるべきか？　これは言い争いを引き起こしかねない問題だ。また、そもそも何を決めておかなければならないのか？　これも感情的になる問題をはらんでいる。それでは、これらの問題を解決するのに何が必要かを見ていくことにしよう。

まずは、決定の方法からだ。

会話と決定は別もの

クルーシャル・カンバセーションには、大きな危険を伴うポイントが二つある。それは、最初と最後だ。最初は、相手を安心させる方法を見つけないと、話し合いがうまく進まない。最後は、共有認識のプールから生まれた結論や決定事項をはっきりさせる際に気をつけないと、後に相手の期待を踏みにじることになる。これには二つの場合がある。

どのように決定するつもりなのか？　第一に、どう決定するのかを当事者が理解していない場合がある。たとえば、こんな事例を考えてみよう。カラが少しむっとしている。ルネが三日間のクルーズツアーのパンフレットを見せ、すでにこのツアーの予約をし、スイートルーム代の前金として五〇〇ドルを払ってきたと言ったからだ。

一週間前、二人は休暇の計画についてクルーシャル・カンバセーションを行った。それぞれが丁寧かつ率直に、自分の意見や希望を表明した。意見はなかなかまとまらなかったが、最終的にはクルーズツアーが二人の希望にいちばん沿うのではないかという結論に至った。それなのにカラは少しむっとしている。カラがあまり喜んでいないことにルネは驚きを隠せない。

カラは、クルーズツアーに行くこと自体には同意していた。だが、ルネが選んだこのクルーズには同意できなかった。ルネは、クルーズツアーならどれでもいいと思い、独断で決めてしまった。カラからすれば、どうぞ勝手にそのクルーズを楽しんできて、と言いたいところだろう。

いつ決定するつもりがあるのか？　決定にまつわる第二の問題は、いつまでも決定がなされないことだ。たとえば、せっかくのアイデアがうやむやになってしまう、あるいは、そのアイデアでどうすべきかが誰にもわからない場合だ。誰かが決定してくれるのを全員が待っているという場合もある。「さあ、共有認識のプールは満たした。あとは誰かが何とかしてくれ」。いずれにせよ、いつまでたっても決定は下されない。

決定方法を決める

こうした問題はいずれも、当事者が事前に決定方法を決めておけば解決できる。会話とは決定することではない。関連するさまざまなアイデアや考えを共有認識のプールに入れるためのプロセスである。このプロセスは言うまでもなく、当事者全員にかかわる。当事者はみな、アイデアや考えを伝えることが認められ、実際にそうするよう求められる。しかし、だからと言って、全員があらゆる決定に参加できるとは限らない。あとになって当事者が期待を踏みにじられたと思わなくてすむように、会話と決定は別ものだと考えてほしい。そして、どのように決定を下すのか、誰がなぜその決定にかかわるのかを明らかにしておくことが大切だ。

権限系統がはっきりしているとき　自分が権限のある立場にいるときには、どのような決定方法を採用するかは自分で決めることになる。たとえば、管理職や親は、決定方法を決める立場にある。指導する者にはその責任がある。会社の社長は、価格設定の変更や製品ラインに関する決定を、時間給従業員に頼んだりはしない。それは指導者の仕事だ。同様に親が、家庭用防犯機器の選択や門限の設定を、幼い子供に頼むこともない。それは親の仕事である。もちろん、管理職が直属の部下に、親が子供に、決定を任せ、その責任を負わせるという場合もある。だがこの場合も、権限のある人物が決定方法を決めていることに変わりはない。どの決定をいつ、誰に任せるのかを決めるのは、管理者である。

権限系統がはっきりしていないとき　はっきりした権限系統がないときには、決定方法を決めるのが難しくなる。たとえば、先に紹介した、娘の留年をめぐる教師と母親との話し合いを考えてみよう。娘を留年させるべきなのか？　そもそも誰がその判断をするのか？　その人が判断すると誰が決めるのか？　意見や賛否を表明する権利は誰にでもあるのではないか？　その判断をするのは学校職員の義務だから、職員が判断するのか？　最終的に責任があるのは親だから、親が専門家に相談して決めるべきなのか？　この難しい問題に明確な答えなどあるのか？

このようなときこそ会話が役に立つ。当事者全員が、誰が最終的な判断をすべきかという問題を含め、それぞれのアイデアや考えを共有認識のプールに投げ込むのだ。話し合いの際には、その点も忘れてはいけない。誰がなぜその決定をするのか？　この問題について率直に語り合うこともなく、意見がばらばらなままでは、いずれ激しい言い争いになり、裁判沙汰にもなりかねない。実際、つたない対応により、この種の問題が法廷で争われることはよくある。この事例も、ジョーンズ家とハッピー・バレー校区との法廷闘争に発展した。

では、当事者は何をすべきか？　子供の能力や将来についてだけでなく、最終的な判断をどう下すかについても、率直に話をすべきだ。最初から弁護士や訴訟の話を持ち出してはいけない。そんなことをすれば安全性が損なわれ、敵対的な雰囲気が生まれるだけだ。必要なのは、子供について率直で健全な話し合いを行うことであり、影響力を行使したり脅したりして学校職員を打ち負かすことではない。間近にいる専門家の意見に従い、専門家がなぜ、どうかかわるべきかを話し合うべきだ。権限系統がはっきりしないときには、会話スキルをフルに発揮して共有認識のプールを広げ、一緒に決定方法を決めてほしい。

四つの意思決定方法

決定方法を決めるとき、どんな選択肢があるかを知っていると便利だ。よくある決定方法としては、「命令、相談、投票、合意形成」の四つがある。この四つの方法は順に、当事者の関与の度合いが高くなる。もちろん、関与の度合いが高まれば、それだけ当事者の責任意識も高まるが、その一方で、決定の効率は悪くなる。経験豊富な人は、この四つの決定方法の中から、状況にもっとも適した方法を選ぶ。

命令

当事者が一切関与しない決定方法から話を始めよう。これには二とおりの場合がある。外部の力によりそうせざるを得ない（選択の余地がない）場合と、決定を他人に任せ、その指導に従う場合だ。いずれも当事者は決定に関与せず、ほかの誰かが決定する。

外部の力によりそうせざるを得ない場合としては、顧客が価格を決める、政府が安全基準を定める、運営組織が要求を出す、といった例が挙げられる。従業員はよく、上司はただ漫然と判断しているだけだと思っているが、実際のところ上司はたいてい、状況が要請するところに従っているに過ぎない。これが命令による決定である。この場合、私たちの仕事は、何をすべきかを決めることではなく、決定事項をうまく進めるためにどうすべきかを決めることにある。

決定を他人に任せる場合としては、大して重要な問題ではないため決定には参加しない、あるいは、代理人が正しい決定を下すものと信頼している、といった例が挙げられる。つまり、自分が関与しても意味がないという場合だ。結束力が強いチームや良好な関係を築いている人たちの間では、決定に間違いがないと信頼されている人に最終的な判断をゆだねるケースが多い。決定に自分の時間を取られるぐらいなら、その人に決定を任せたほうがいいということだろう。

相談

相談とは、決定の役目を担う人が判断を下す前に、他人の意見を求めるプロセスをいう。意見を求める他人には、専門家、あるグループを代表する人々、意見の表明を望んでいる人などがいる。相談は、決定のプロセスをとどこおらせることなく、効率的にアイデアや支持を得られる。少なくとも、アイデアが多すぎて決定に支障が出るということはない。賢明な指導者や親、あるいは夫婦でさえ、この決定方法を頻繁に採用している。アイデアを集め、選択肢を評価し、判断を下し、それを幅広い人々に伝えるのである。

投票

投票は、効率がもっとも優先される場面に最適である。この場合、数多くの優れた選択肢から一つを選ぶことになる。たとえばチームのメンバーが、自分の第一希望どおりにならなかったとしても、この問題に関する話し合いでいつまでも時間を無駄にしたくないと思っていたとする。そんなときに、しばらくさまざまな選択肢について議論した後、投票の実施を求める場合が考えられる。まずまずの選択肢がそろっているのであれば、投票は大いに時間を節約できる。ただしチームのメンバーが、どんな結果になってもその結果を支持することに同意していなければ、この方法を採用すべきではない。そのようなときには、合意の形成が必要になる。

合意形成

この方法には、大きな利点があるとともに、苛立たしい欠点もある。合意を形成しようとすれば、ある一つの決定に誰もが素直に同意するまで話し合うことになる。そのため、強い一体感や質の高い決定を生み出せる。その反面、不適切な場面でこの方法を採用すると、はなはだしく時間を無駄にするおそれがある。合意形成を採用するのは、（一）重要な結果を伴う複雑な問題、（二）誰もが最終決定を絶対的に支持しなければならないような問題に限定するべきだ。

どの決定方法を選ぶべきか

四つの決定方法がわかったら、どういうときにどの決定方法を採用すべきかを考えよう。

そのついでに、よくある失敗を避ける方法についても一言しておきたい。

四つの重要な質問

四つの決定方法から一つを選ぶ際には、以下の質問について考えてみてほしい。

一、誰が気にしているか？　その決定にかかわることを心から望んでいる人、その決定の影響を受ける人が、決定にかかわる候補者になる。どんな決定になろうが気にしていない人が決定にかかわる必要はない。

二、誰が詳しいか？　最善の決定を下すのに必要な専門知識を持っている人を探し、決定プロセスへの参加を促す。新たな情報を何も提供できない人は決定にかかわらないようにする。

三、誰が同意しなければならないか？　権限や影響力といった面で、決定に誰の協力が欠かせないかを考える。こうした人の知らないところで決定し、あからさまに反対されるよりは、決定にかかわらせたほうがいい。

四、どのくらいの人数を決定にかかわらせるべきか？　決定にかかわる人の数はできるかぎり少ないほうがいいが、関係者が支持できるような質の高い決定を下す必要がある。そのため、こう自分に問いかけてみてほしい。「よい判断ができるだけの人数がいるか？

今後協力してもらうために、ほかの人も決定プロセスに参加させたほうがいいか？」

あなたの場合はどうか？　以下に、チームや夫婦など、決定プロセスに問題を抱えている人が、今後それにどう対処すべきかを提示しておこう。まずは、あなたが当事者となった重要な決定をいくつかリストアップする。それから、それぞれの決定が、現在どのような形で行われているか、本来どのような形で行われるべきかを、この四つの質問を使って話し合う。そして最後に、今後それぞれの決定をどう行うかを決めておく。決定プロセスについてクルーシャル・カンバセーションを行えば、数多くの苛立たしい問題が解決するはずだ。

仕事を割り当てる――決定を行動に移す

では最後のステップに進もう。健全な会話を行い、共有認識のプールを満たし、そこからどのように結論を引き出すかを決め、最終的にある決定に至ったとする。次は行動である。問題によっては、話し合いだけで完全に解決することもある。だが多くの問題は、行動が必要になる。そのためには、仕事や義務を割り当てなければならない。

読者もおわかりのように、二人以上の人間がかかわると、何らかの混乱が生じるおそれがある。よく陥りがちな落とし穴を避けるには、以下の四つの要素を考慮するといい。

・誰が？
・何をする？
・いつまでに？
・どうフォローアップする？

誰が？

英語圏に「共同責任は無責任」ということわざがある。具体的な人物に具体的な仕事を割り当てないと、せっかく苦労して決定を下しても、そこから何も生まれないおそれが多分にある。

仕事や義務を割り当てるときに、「私たち」という言葉を使ってはいけない。割り当ての際に「私たち」という言葉を使うと、まず間違いなく、「私ではない」という意味に解釈されてしまう。誰も仕事や義務から逃げようとしているつもりはなかったとしても、「私たち」という言葉が使われると、誰かほかの人が責任を取ってくれると思い込んでしまう。

だから、あらゆる仕事や義務に具体的な人物を割り当てるようにしてほしい。これは、家庭での場合に特によくあてはまる。家事を分担するときには、それぞれの家事に特定の人物を指定する。また、一つの仕事に二、三人を割り当てるときには、そのうちの一人を責任者に任命する。さもないと責任感がなくなり、いずれ責任の押しつけ合いになる。

何をする?

こちらが思い描いている成果物を正確に詳しく説明するようにしよう。こちらの期待しているものがあいまいであればあるほど、後に失望する可能性は高くなる。たとえば、変わり者の実業家として名を馳せたハワード・ヒューズが以前、世界初の蒸気自動車の設計・開発をエンジニアたちに命じた。しかし、蒸気で走る車について夢を語りはしたが、具体的な方向性については何の指示も出さなかった。

エンジニアたちは大変な努力を重ね、それから数年後、ついに最初の試作車を作り上げた。車体に数十本ものパイプを走らせることで、蒸気自動車を走らせるのに必要な水をどこに置くかという問題を解決していた。この車はいわば、巨大なラジエーターだった。ヒューズはこれを見て、万一事故が起きたらどうなるかと尋ねた。するとエンジニアたちはおずおずと、乗客はロブスターのように生きたまま茹でられることになると答えた。それを聞いたヒューズは激怒し、そんなものは粉々に砕いてしまえと命じた。こうして、蒸気自動車のプロジェクトは終わった。

このヒューズの事例から学べることがある。仕事を割り当てることに決めたら、事前にこちらの要望を詳細かつ正確に説明しておくべきだ。夫婦やカップルは、この点で問題を起こすことがよくある。一方が、自分の望む「成果物」についてじっくり考えようとせず、要望を明言していなかったため、その要望がかなえられず、後になって腹を立てるというケースである。夫婦で部屋の模様替えをした経験がある人は、思い当たる節があるのではないだろうか？　時間や労力を無駄にして気分を損なうよりは、事前に十分な時間を取って自分の要望を明確に説明しておいたほうがいい。

成果物の説明をするときには、「コントラスト化」のスキルを使うと効果的だ。過去に割り当てた仕事を誤解された経験があれば、そうしたよくある誤りを、自分の要望とは違う例として説明する。このように、要望を説明する際には、具体的な例を示すのが理想的だ。抽象的な話をするより、試作品やサンプルを見せたほうがいい。筆者も以前、ある有名な舞台装置デザイナーを雇ったときにそれを痛感した。そのデザイナーが語った構想は、筆者にはきわめてすばらしいものに思えた。しかし、彼が二万五〇〇〇ドルもかけて制作した舞台装置はまるで役に立たず、結局また最初から仕切り直さなければならなかった。その日以来筆者は、具体的な絵を見せながら、自分が望むこと、望まないことを説明するようにしている。成果物の説明が明確なほど、後でぎょっとする可能性も低くなる。

いつまでに?

驚くべきことに、割り当ての際にこの要素を忘れる人がきわめて多い。具体的な期日を明示せず、「そのうち」程度のことしか言わない。期日を指定しなかったりあいまいにしたりすると、ほかの緊急の要件が重なるにつれ、当の仕事は山積みになった仕事の下へ下へと追いやられ、すぐに忘れ去られてしまう。期日を提示して行動をせかすよりも期日を設けないでいるほうが、不都合が生まれる可能性が圧倒的に高い。期日のない目標は目標ではなく、単なる方向性でしかない。

どうフォローアップする?

仕事や義務の進捗を、どのような方法で、どのくらいの頻度で確認するかを必ず決めておこう。簡単なメールで、プロジェクトの完了を確認するだけの場合もあれば、チームや家族で会合を開き、詳細な報告をする場合もある。一般的には、途中で何度か進行状況を確認する。

仕事や義務にフォローアップの方法を組み込むのは実に簡単だ。たとえば、こんな感じだ。「宿題が終わったら携帯に電話して。そうしたら遊びに行ってもいい。わかった?」あるいは、作業の段階ごとに確認する方法もある。「図書館での調査が終わったら教えて。そうしたら一緒に次の段階について考えよう」。もちろんこうした段階を、最終的な期日と結びつけることも重要だ。「このプロジェクトの調査の部分が終わったらすぐに知らせて。一一月の最終週まで時間をあげるけど、それより早く終わったら連絡して」

仕事を担うべき人に責任を感じてもらいたいのなら、彼らに責任を果たす機会を与えなければならない。あらゆる仕事や義務にフォローアップを組み込むようにしてほしい。

仕事や義務を記録する

英語圏にはもう一つ、「先の丸まった一本の鉛筆には、明晰な頭脳六人分の価値がある」ということわざがある。記憶に頼って仕事をしないほうがいい。クルーシャル・カンバセーションをきちんと完了させたいのなら、自分の記憶力を過信して、これまでに生み出した考えやアイデアを無駄にしてはいけない。結論や決定の内容、割り当てられた仕事や義務を詳細に書き留め、誰がいつまでに何をするのかを記録しておこう。そうしておけば、重要なとき（一般的には次の会合）にそのメモを確認し、仕事や義務の進捗を検証することもできる。

その検証をする際には、仕事や義務を割り当てられた人に責任を負わせるようにする。約束を果たしていない人がいたら、会話の出番だ。第７章で紹介したＳＴＡＴＥスキルを使って問題を話し合おう。責任を負わせると、約束を果たす意欲や能力が増すだけでなく、誠実な文化を生み出すこともできる。

まとめ――行動に移す

クルーシャル・カンバセーションに成功したら、それをもとに重要な決定を下し、一致団結した行動に踏み出そう。決して、期待を裏切る、行動を起こさないといった落とし穴に陥ってはならない。

決定方法を決める

- **命令**　当事者はこの決定に関与しない。
- **相談**　あるグループから情報を集め、小集団で決定する。
- **投票**　同意する人々の割合により決定が左右される。
- **合意形成**　全員が同意し、最終的な決定を支持する。

最後は明確に

誰が、いつまでに、何をするかを決め、成果物を明確にし、フォローアップのタイミングを設定する。また、仕事や義務を記録し、フォローアップする。そして最後に、仕事を割り当てられた人に責任を負わせる。

10 確かにそうだが……
——難しいケースへのアドバイス

よい言葉は、価値が高いうえに費用も大してかからない。

——ジョージ・ハーバート

筆者が本書の内容を講義していると、聴講者からよくこんなことを言われる。「確かにそうだけど、私の場合はそれ以上に難しい」「確かにそうだが、私の相手はそう簡単に意見を変えてくれない。それに、ほとんどの問題は突然来るから、不意を突かれてしまう」。要するに、いろいろな理由を並べ立て、自分が抱えている問題には、筆者が教えるスキルでは対処できないという。

・「確かにそうだけど、相手がごくささいなことしかしてこなかったらどうするの？　すごく気になるけど、指摘もしづらい。どう対処すればいいの？」
・「それはそうだが、相手が真剣な話をまるでしたがらないときもある。無理やり会話に引き込むこともできない」
・「確かにそのとおりだけど、こちらがそんなに早く怒りを鎮められなかったら？　腹を立てたまま寝るなって言うけど、一人になりたいときもある」
・「それはそうだが、相手を信用できないこともある。そんなときはどうすればいい？」
・「確かにそうなんだけど、上司も妻も神経質で、こちらの意見なんて聞こうとしない。成り行きに任せたほうがいいのでは？」

実際のところ、これまでに述べてきた会話スキルは、ほとんどの問題に適用できる。しかし中には、対応が難しい問題もある。そこで本章では、難しい一七のケースを紹介し、それぞれについて一つか二つアイデアを提示することにしよう。

セクハラなどの嫌がらせ

【確かにそうだが……】「あからさまな嫌がらせとか、そういうことはないけど、相手の態度がどうも気になる。敵を作らないようにそれを指摘するにはどうすればいい？」

難しいポイント

こちらが不快だと思うような言葉づかいや態度を示す人がいる。だがそれほど頻繁ではなく、あからさまでもないため、人事部や上司に相談しても助けてもらえるかどうかわからない。どうすればいいだろう？

こんな場合、相手のほうが圧倒的に有利に思える。社会には、相手のこうした不適切な行為を黙認するルールのようなものがある。あえてそれを指摘すれば、過剰な反応だと思われかねない。

だが一般的に言って、こうした問題の大多数は、ほかの人のいないところで、相手に敬意を表しながら、毅然として話をすれば解決する。いちばん難しいのは、敬意を表するという部分だろう。あまりに長い間、相手の不適切なふるまいに耐えていると、その相手に対して作る「悪党のストーリー」が次第に激しいものになっていく。その結果、感情が高ぶり、銃を連射しながら相手のもとへ乗り込んでいくような気分になる（実際には、そのような身ぶりやしぐさをするだけだが）。

解決策

欠けた部分を補おう。話し合いの場を持つまでずっと、相手のふるまいを大目に見てきたのであれば、それを素直に認める。そうすることで、相手を、道理をわきまえた常識的な人間と見なしやすくなる。相手のふるまいが、このような人物像にあてはまらなかったとしてもだ。

相手に対してある程度の敬意を抱けたら、話し合いを始めよう。「共通の目的」を設定してから、自分の「プロセスを告げる」。たとえば、こんな具合だ。

「あなたと仕事をしていくうえで気になることがあるから、その話をしたいの。言い出しにくい問題なんだけど、きちんと話をすれば、これまで以上に仕事仲間としてうまくやっていけると思う。話をしていい？」［共通の目的を設定する］

「私があなたのオフィスに入っていくと、私の体をなめまわすように見ることがあるの。パソコンが置いてあるあなたの隣の席に座ると、私の椅子の背もたれに手を回してくることもある。でも、あなたはこうした行為に気づいていないのかもしれない。だから話をしようと思ったの。そういう行為がとても気になるから。あなたはどう思う？」

［プロセスを告げる］

ほかの人のいないところで、相手に敬意を表しながら、毅然とこうした話をすれば、たいていの問題行動は終わる。だが、こうしたふるまいが限度を超えるようであれば、ためらうことなく人事部に相談し、自分の権利や威厳を守ってほしい。

あまりに神経質な夫や妻

【確かにそうだが……】「自分の夫や妻があまりに神経質なときにはどうすればいい？こちらが建設的な意見を言っても、相手はむきになって反抗するだけなので、結局は何も言えなくなってしまう」

難しいポイント

たいていの夫婦の場合、結婚して最初の一年余りの間に、暗黙のうちにコミュニケーション方法が決まり、残りの結婚生活では、それに従ってコミュニケーションを図るようになる。たとえば、どちらか一方が怒りっぽくて意見を聞き入れない、あるいは、相手に意見をはっきり伝えようとしない、という夫婦がいる。こうした夫婦はいずれも、相手に対して何も言わず、沈黙の中で暮らすことになる。問題がよほど大きくならなければ、話し合おうとしない。

解決策

この問題は普通、「プロセスを告げる」方法を知らないために起こる。何か気になることがあれば、すぐにその問題を取り上げたほうがいい。そんなときには「コントラスト化」が役に立つ。「大げさに騒ぎ立てるつもりはないの。ただ、手に負えなくなる前に対処しておきたいだけ」。そのあとで、自分が見聞きした具体的な行動を描写する。「ジミーが部屋をちらかすと、あなたはいつも嫌みを言ってジミーに注意する。ジミーを『ブタ』呼ばわりして、笑ってごまかすとかね」。それから、自分の考えを仮説として説明する。「でも、それでは効果がないと思う。ジミーはあてこすりに気づいていないから。でも、ジミーがいつ怒りだすかと心配で」（あなたのストーリー）。そして、相手の反応を引き出す。「あなたの考え方は違うの？」

最後に、安全性が損なわれていないかを「観察」し、相手を「安心させる」。適切に「プロセスを告げ」て相手が心を開いてくれなくても、この問題を話し合うのは無理だとあきらめてはいけない。自分のアプローチについてもっとよく考えてみよう。一歩身を引き、相手を安心させるために必要な行動を起こし、もう一度率直に自分の意見を述べてみてほしい。

夫婦が互いに有益な意見を伝え合うことをやめてしまうと、生涯にわたる伴侶や指南役の支援を失うことになる。二人できちんとコミュニケーションを取り合う無数の機会もなくなってしまう。

合意に従って行動できない

【確かにそうだが……】「私のチームのメンバーはみな口先だけだ。事態を改善するさまざまな方法について議論したのに、自分たちが合意したことを守ろうとしない」

難しいポイント

最悪のチームは、こうした問題から逃げる。ある程度いいチームは、最終的にリーダーが問題行動に対処する。だが最良のチームは、チームのメンバー一人ひとりが責任の一端を担う。ほかのメンバーが合意を守っていないところを見たら、すぐにはっきりとそれを指摘する。リーダーがそうするのを待ったり期待したりするのは危険だ。

解決策

チームのメンバーが本来すべきことをしていないとき、それを指摘するかどうかは自分次第だ。筆者はある幹部グループを見てそれを実感した。そのグループは、短期的な資金不足を補うため、あらゆる自由裁量の支出を控えることで合意した。現場を離れた会議室の和やかな雰囲気の中では、それでいいような気がした。だがその翌日には、ある幹部が早くもそれを忘れ、コンサルティング会社に六ヵ月分の料金を前払いしてしまった。コンサルティングの依頼は「自由裁量」にあたる。

その幹部が前払いの準備をし、実際に前払いするのを知っていた幹部もいた。だがその幹部は、問題の幹部からその話を聞かされても、何の行動も起こさなかった。だが実は、その話こそが、グループがこの問題で協力するかばらばらになるかを決める「クルーシャル・カンバセーション」だったのだ。その幹部は、問題の幹部の責任を問うのはリーダーの役目だと判断し、何も口を出さなかった。そのため、実際にリーダーがその一件に気づき、問題に対処しようとしたのは、すでに合意された方針が反故にされ、料金が支払われたあとだった。こうして新たな方針を維持する意欲はすっかり失われ、グループは結局資金不足に陥った。

チームが一致団結して積極果敢な改革や新しい大胆な取り組みを始めようとするなら、メンバーが合意に従わないときに対処できるよう心の準備を整えておく必要がある。取り組みを成功させるためには、新たな方針にただ盲従すればいいというだけではない。古い方針に戻ろうとするメンバーがいたときに、メンバー同士でクルーシャル・カンバセーシヨンを行えるかどうかが重要になる。

上の者にこびへつらう

【確かにそうだが……】「部下が私の意向を推測し、それに沿ったことしか言わない。私が反対するのではないかと心配し、重要な問題の解決に率先して取り組もうとしない」

難しいポイント

部下がリーダーに服従する、あるいはごまをする場合、一般的にリーダーは、二つの過ちのどちらかを犯している。一つは、部下がリーダーにこびへつらう理由（恐怖心）を誤解している。もう一つは、横柄な命令口調で部下の態度を変えようとしている。

誤解　リーダーはよく、部下に恐怖心を与えておきながら、それを否定する。「どうして私を怖がる？　部下に不愉快な思いをさせたことはない」。こうした人は「観察」をしていない。また、自分の「ストレス下のスタイル」に気づいていない。自分で否定していたとしても、無遠慮なふるまい、絶対的なもの言い、ときおりちらつかせる権威など、自分が発散している何かが、相手に恐怖心を与え、服従せざるを得ない状態を生み出しているのだ。

もう一つ別の誤解もある。「こびへつらいやごますり」に直面すると、自分のふるまいに問題があるのではないかと考えるリーダーは多い。だが実際には、以前のリーダーの影響が抜けきっていないという場合もある。このようなときには、リーダーがいくら、開放的で協力的な雰囲気を作り、部下の意見を聞こうとしても、部下はリーダーとの距離を縮めようとはしない。それどころか、リーダーが権威を振りかざすようなまねを一切していないにもかかわらず、リーダーを名士や独裁者のように扱う。

そのため何らかの行動を起こす前に、自分に非があるのか、過去の上司の影響が残っているのか、その両方なのかを見きわめる必要がある。

横柄な命令口調　多くのリーダーは、簡単に問題を解決しようとして、こびへつらうのをやめるよう部下に命令する。

「あなたがたは、私が理にかなったことを言っているからではなく、私が上司だからというだけの理由で、私の意見に賛成しているように見える」

「そのとおりです！」

「私にただ従うのではなく、私の意見についてきちんと考えてほしい」

「わかりました。何でも言われたとおりにします！」

このように、部下に服従心がしみ込んでいると、どうしようもないジレンマに陥ってしまう。何も言わなければ、こびへつらいが続くだろう。だが、何かを言えば言ったで、さらにこびへつらいを助長することにもなりかねない。

解決策

まずは自己の改善に取り組もう。問題の中で自分が原因になっている部分を見つける。その際、直属の部下に尋ねてはいけない。部下がすでにあなたにこびへつらっている状況であれば、問題をごまかしてしまう。誰かに尋ねるときは、あなたの行動を見ている同じ役職の同僚に尋ね、正直な意見を求めよう。部下がこびへつらう原因になるようなことをしていないか？　しているなら、どんなことをしているのか？　同僚にあなたの態度について具体的に指摘してもらい、同僚がどのようなプロセスを経てそれをあなたの特徴だと考えるようになったのかを探求する。そして共同で対策を練り、態度の修正に取り組み、継続して意見を求める。

問題が以前のリーダーの影響によるものなら、公の場で話し合おう。グループやチームの会議でその問題を説明し、意見を求める。そのときに、横柄な命令口調でごますりをやめるように言ってはいけない。それでは逆効果だ。むしろ、勇気をもって意見を述べる人をほめたたえ、部下の気持ちを引き出す。あなたの考えに反する意見を言う部下がいたら、正直にそう言ってくれたことに感謝する。また、こちらからあえて反対意見を述べるのも一つの手だ。部下があなたの意見に反対できないでいたら、自分で自分の意見に異を唱える。こうして、どんな意見でも疑問視していいと部下に思わせる。必要なら席を外し、部下に少し考える時間を与えてもいい。

信頼できない

【確かにそうだが……】「どうすればいい？　この人を信頼できる自信がない。彼は前回、重要な締め切りを守らなかった。今回、またこの人を信頼してもいいのだろうか？」

難しいポイント

私たちはよく、信頼はするかしないかの二択しかないと思い込む。相手を信頼するか信頼しないかのどちらかだ。しかしそれでは、信頼という言葉があまりに重いものになってしまう。十代の息子がよくこんなことを言う。「夜は一二時までに帰ってこいなんてどういうこと？　ぼくを信頼していないの？」

実際のところ、相手を全面的に信頼する必要はない。一般的に見れば、信頼にもさまざまなレベルがあり、同じ人でも問題になっている事柄によって、信頼されるレベルは異なる。また、信頼には二つの側面がある。それは意欲と能力だ。たとえば、必要な場合に心肺蘇生措置を行うという点では、筆者を信頼してもらっていい。筆者にはその意欲があるからだ。だが、それを適切に行えるかどうかという点では、筆者を信頼することはできない。筆者には心肺蘇生措置に関する知識がないからだ。

解決策

要は、相手の人物ではなく、問題になっている事柄について信頼するか考えることだ。

他人をもう一度信頼するかどうかを考える際には、あまりハードルを上げすぎてはいけない。あらゆる問題を考えるのではなく、当の問題についてのみ相手を信頼するようにする。相手のすべてを信頼する必要はない。そのときに自分を「安心させ」たければ、自分が心配していることを話題にしよう。ＳＴＡＴＥスキルを使い、こちらが不安に思っていることを仮説として話すのだ。「きみは計画のいい面しか話していないような気がする。だが、考えられるリスクについても話をしてくれないと安心できないんだ。いいかな?」。相手がごまかそうとするなら、それも指摘したほうがいい。

また、こちらの不信感をもとに相手を非難してはいけない。ある点で相手に不信感を抱いたとしても、その不信感を相手の人格全体にまで広げるべきではない。相手に対する不信感を増長させるような「悪党のストーリー」をこちらが創り上げてしまうと、そのためにかえって相手は自分を正当化し、ますますこちらの信頼に応えられないようになる。こうして不信の悪循環が始まれば、望まない事態は悪化するばかりだ。

真剣な話をしようとしない

【確かにそうだが……】「私の妻（あるいは夫）は、大切な話をしようとしたり、重要な問題に向き合おうとしたりすると逃げてしまう。どうしたらいい？」

難しいポイント

まるで遺伝的疾患でもあるかのように会話をしたがらない人がいる。こういう人はよく非難の対象になるが、問題はそこではない。彼らが難しい問題について話をしたがらないのは、そんな話をしても無駄だと思い込んでいるからだ。自分か相手か双方が話し下手だと思っているか、実際にその誰かが話し下手なのだろう。

解決策

まずは自己の改善に取り組もう。あなたの夫や妻は、会話上手の人とでさえクルーシャル・カンバセーションをしたがらないのかもしれない。だが、あなたが自分の態度を変えることはできるはずだ。最初は簡単な課題から始めよう。いきなり難しい問題に飛びつかず、まずは相手を「安心させる」ことに努める。絶えず相手を観察し、相手が不安を感じ始めたときに気づくようにする。そして仮説として話を切り出し、意図と結果を切り離して考える。「あなたに～という意図がないことはわかっている」。それでも相手が自分の個人的な意見を言おうとしないようなら、「相手のプロセスを探求する」スキルを使う。あらゆる機会をとらえて、このスキルを実践しよう。要するに、簡単なところから始め、次第にあらゆる会話ツールを動員していく。

また、それ以外に忍耐を学ぶことも必要だ。相手を苦しめてはいけない。希望を失い、暴力に走るようなことがあってはならない。こちらが攻撃的・侮辱的になれば、相手はこれまで以上に、クルーシャル・カンバセーションなど弊害ばかりで何の役にも立たないと思い込んでしまう。

こちらが絶えずきちんとした態度で会話をしていれば、二人の間に安心感が醸成され、相手がこちらの気持ちに気づき、態度を変えてくれる可能性も高まる。

状況が改善する兆しが見えてきたときには、二人が難しい問題にどう対処しているかという話に相手を誘い込むと、さらに状況を好転させることができる。ここでの課題は、説得力のある「共通の目的」を設定して相手を安心させることだ。相手がこの話し合いをする理由を見つけられるようにしなければならない。相手が進んで話し合いに参加したいと思えるほど説得力のある理由である。

そのため、まずはこの会話をするとどうなるか、しないとどうなるかを、プラス面もマイナス面も併せて伝える。また、この会話が二人にとって、あるいは二人の関係にとってどんな意味があるかを説明する。それから、二人が話し合いにくい話題を相手にも一緒に探してもらい、双方がこうした話題に普段どうアプローチしているかを交代で説明する。そして、互いに助け合って状況を改善していけばどんな利点があるかを話し合う。

難しい話題に関する話ができなくても、双方がそうした話題にどう対処しているか（どう対処していないか）に関してなら、もっと容易に話ができる。それが会話を始めるきっかけになる。

何となくだが気になる

【確かにそうだが……】「私が話をしようと思っている相手は、あからさまに許せないことをするわけではない。大したことではないんだけど、ごくささいなことが気になる」

難しいポイント

相手が何となくこちらを悩ませているだけなら、相手がしていることは話し合いに値しない可能性がある。ことによるとそれは、相手の行動の問題ではなく、こちらの忍耐力の問題なのかもしれない。たとえば、こんなことを言って嘆息している幹部がいたとしよう。

「うちの従業員にはがっかりだ。あの長い髪を見ろ」。この場合、当の従業員たちはこの幹部とまるで接点がない。しかもその髪の長さは、仕事ぶりとはまったく関係がない。そう考えると、この幹部には実際のところ、文句を言う理由などない。

それでも、ささいな行動だがどうしても許せないというときには、自分の「行動へのプロセス」をさかのぼって見直し、相手が実際に何をしているのかを明確にする必要がある。さもないと、議論すべきことが何もないことになってしまう。あいまいな解釈やストーリーばかりの具体性のない説明では、クルーシャル・カンバセーションのしようがない。たとえば、あなたの家族が集まるとき、いつも兄が、ユーモアを交えてほかの家族の皮肉を言うとしよう。一つひとつの発言は、相手を直接侮辱するものではなく、議論するほどのことではないかもしれない。だが、問題はそこではなく、こうした度重なる発言がいつも家族の集まりを雰囲気の悪いものにしている点にある。事実を明らかにすることが、クルーシャル・カンバセーションには欠かせないことを頭に入れておいてほしい。

解決策

自分の「行動へのプロセス」をその発端までさかのぼり、一線を越えている相手の具体的な行動を特定したら、それをメモする。事実を明らかにするためには、そのメモした行動について考え、そこから作り上げたストーリーが会話に値するほど重要なものかどうかを確かめる必要がある。もしそれほど重要な問題であれば、相手を「安心」させ、自分の「プロセスを告げる」。

自発的に動こうとしない

【確かにそうだが……】「私が一緒に仕事をしているチームのメンバーは、言われたことはするが、それ以上のことをしない。問題にぶつかれば、それを解決しようと一度は簡単なことを試してみる。だがそれで解決できなければ、あきらめてしまう」

難しいポイント

大半の人は、ただ優れていないだけの行動を、さも悪い行動のように話したがる。失敗をしたのであれば、指導者であれ親であれ注意するのが当たり前だ。だが、単にすばらしい結果が出せなかっただけの場合、どう言えばいいのだろうか？

解決策

相手にこれまで以上に期待していることを改めて表明しよう。その際には、特定の件に限らず、全体的な考え方として話をしたほうがいい。相手に自発的行動を望むのであれば、当人にそう伝えることが重要だ。まずは、その人が問題にぶつかり、たった一度問題に対処しようとしただけであきらめてしまった事例を具体的に説明する。次に、そこからレベルを上げ、自分がそのあとでどうしたかを明確に教える。そして、その人がより持続的・創造的に問題解決に取り組んでいくためにはどうすればいいかを、二人で一緒に考える。

たとえば、こんな具合だ。「私が出張から帰ってくるまでに絶対に終わらせておかなければならない仕事を、きみに頼んでおいた。するとその仕事の途中で問題が発生したので、きみは私に連絡を取ろうとした。だがきみは、四歳になる私の子供に伝言を残しただけだった。そのときにどうすれば、私に連絡を取れたと思う？」。あるいは「代わりの戦略を立てるためにどうすればよかったと思う？」

誰かが自発的に行動しない場合にそれをどう補っているかという問題にも注意を払う必要がある。あなたがそれを補う役目を担っているのか？　もしそうなら、当人がその役目を担うよう話をする。仕事を確実に終わらせるため、同じ仕事に複数の人間を割り当てているか？　もしそうなら、進捗の報告を担当する人間と早めに話をし、人手が足りないことが明らかなときには、誰かほかの人をその仕事に回すようにする。

どうせ自発的に行動してくれないという思い込みを態度に表してはいけない。それよりも、こちらが期待していることを相手に伝える。そして、当人に責任を負わせ、手の打ちようがなくなる前にこちらに情報を伝えるよう話をまとめてほしい。

同じパターンを繰り返す

【確かにそうだが……】「一度だけの問題ではない。同じ問題について何度も話をしなければならない。口うるさい人間になるかこの問題を見すごすか、どちらかの選択を迫られているような気がする。どうすればいい？」

難しいポイント

クルーシャル・カンバセーションがうまくいかないのは、間違った話し合いをしているからだ。たとえばあなたが、会議に二度遅刻した人に注意したとしよう。ところがその人は、三度目の遅刻をした。一瞬、あなたの頭に血が上るが、怒りをこらえ、もう一度優しく言い聞かせる。だが遅刻が重なるにつれ、あなたの怒りは増し（心の中でおぞましいストーリーが創られていく）、やがてそれが暴発して痛烈な言葉や皮肉を浴びせる。しかしそうした反応は、遅刻に対してはあまりに度が過ぎているように見えるため、相手からおかしな目で見られてしまう。

この場合、最初の問題（遅刻）に戻ってばかりいて、新たな問題（約束を守らない）を話題にしないでいると、『恋はデジャ・ブ』現象に陥ってしまう。筆者はこの問題について説明するとき、いつも映画『恋はデジャ・ブ Groundhog Day』をたとえに使う。この映画では、ビル・マーレイ演じる主人公が、同じ一日を何度も繰り返し経験する。最初の問題に戻ってばかりいると、この映画の主人公のようになってしまう。つまり、何度も同じ状況を繰り返さざるを得なくなり、より大きな問題に対処できなくなる。それでは何も解決しない。

解決策

パターンを「観察」することを覚えよう。その時々の出来事にこだわってはいけない。時間をかけて行動を見守り、その行動パターンについて自分の「プロセスを告げる」。たとえば、ある人が会議に遅れてきて、以後気をつけると約束したとしよう。この場合、次に遅刻したときに話し合うテーマは遅刻ではなく、約束を守れないことになる。こちらのほうが問題は大きい、信頼と敬意にかかわるからだ。

話し合いの際、議論の内容にふさわしくないほど感情的になる人がいるが、それは話し合う問題を間違えているからだ。ある行動パターンに悩まされているのに、最後の一例だけを取り上げて話すと、相手は怒るほどでもないのにと思ってしまう。対照的に、正しい話し合いをすると興味深いことが起きる。気分が落ち着くのだ。こちらを本当にいらいらさせていること、つまりパターンについて話をすれば、冷静にきちんとした話ができる。

ある一つの出来事にとらわれてはいけない。そうすると、こちらが気にしている内容がとてもささいなことに見えてしまう。全体的なパターンについて話をしよう。

気分を落ち着ける時間が欲しい！

【確かにそうだが……】「『腹を立てたまま寝るな』ということわざがあるが、それはどんなときにもあてはまるのか？」

難しいポイント

いったん腹を立てると、怒りを鎮めるのは容易ではない。ひどいストーリーを創り上げ、体はそれに反応してけんかの準備を進めるが、何とか相手に手を出さないよう我慢している。だが、体が頭についていかない。こんなとき、どうすればいいだろう？　ここは身を引いて時間を置いたほうがいいと本能が叫んでいる。それでも、母親がよく言う「腹を立てたまま寝るな」ということわざどおり、会話を続けるべきなのだろうか？

解決策

母親の言うことが必ずしも正しいとは限らない。この言葉は、重要な問題を未解決のまま放っておくべきではないという意味では正しいが、心の状態がどうであれ話し合いを続けるべきだという意味では正しくない。一人になる時間が必要なので、話の続きは明日にでもしようと提案することには、何の問題もない。アドレナリンが消え、当の問題についてじっくり考えられる時間ができたときに、話し合いを再開すればいい。時間を置くのは、黙り込むのとは違う。実際のところこれは、きわめて健全な会話の一例である。

ついでに言えば、相手に対し、落ち着けとか時間を取ったほうがいいと言うのはよくない。確かに相手が時間を取ったほうがいい場合もあるが、こちらからそう提案すると、どうしてもこちらが上の立場にいるように聞こえてしまう。「一〇分時間を取ろう。気分が落ち着いたら教えてくれ」と言うより、相手と一緒になってその怒りの原因を探ったほうがいい。つまり、相手の「行動へのプロセス」をさかのぼるのである。

言い訳ばかり

【確かにそうだが……】「私の十代の息子は言い訳の達人だ。ある問題について話をすると、いつも何かしら理由をつけて自分のせいではないと言う」

難しいポイント

永遠に続く言い訳にごまかされてしまうことはよくある。相手にこちらの言うことを聞く気がなく、もっともな理由をつければすべてが帳消しになるとわかっている場合はなおさらだ。

「私は息子が登校する前に出勤しているが、息子はいつも遅刻する。最初は、遅刻したのは時計のアラームが壊れていたからだと言った。次の日には、息子に買ってやった中古車の調子がおかしかったとか、そんなことを言う。それからも、友だちが車で迎えに来てくれなかったとか、鼻風邪を引いたせいで新しく買った時計のアラームが聞こえなかったとか……」

解決策

このような「想像力豊かな」相手には、あらゆる言い訳に対して先制攻撃をする。つまり、相手が述べた理由だけでなく、問題全体の解決を相手に約束させる。たとえば、上記の息子が最初に遅刻したときに、アラームを修理するとともに、時間どおりに登校する妨げになるほかのあらゆることに対処するよう約束させる。アラームを修理しても、遅刻を引き起こすさまざまな理由の一つに対処しているに過ぎない。それだけでなく、遅刻という問題に対処するよう説く。

「新しい時計があれば、時間どおりに登校できると思うんだな？　じゃあ、それでいい。とにかく、時間どおりに学校に着けるよう必要なことは全部しろ。明日の八時には学校にいられるようにな」

言い訳が重なるときは、最後の言い訳を話題にするのではなく、全体的なパターンを話題にすることを忘れないでほしい。

反抗的な（あまりに失礼な）態度を取る

【確かにそうだが……】「話をしようとしている相手が、腹を立てているだけでなく反抗的だったとしたら？　どう対処すればいい？」

難しいポイント

従業員（あるいは子供）と難しい問題について話をしているとき、相手が一線を越えるおそれは常にある。当初は友好的に話をしていたのに、やがて激しい言い争いになり、反抗的になったり失礼な態度を取ったりする場合だ。

問題は、相手がこうした反抗的な態度に出ることなどめったにないため、大半の上司があぜんとして、どうすべきかわからなくなり、時間を稼ごうとすることだ。そうしている間に、当の相手は、一線を越えた状態のまま逃げおおせてしまう。さらに悪いことに、相手は上司が怒らないのをいいことに、今後そのような態度を不当に利用するようになる。一方、親の場合、子供が反抗的な態度を取ると、驚いて子供と同じような反応を示し、腹を立てたり侮辱的な態度に出たりする場合が多い。

解決策

反抗的な態度の相手に我慢する必要はない。すぐにそれを指摘すればいい。ただし、敬意を忘れてはいけない。当の問題から離れ、相手の現在の態度を話題にするのだ。相手の失礼な態度がエスカレートしてきたら、それが罵倒や反抗的態度に発展する前に、相手の感情が危険な方向へ向かっていることを伝えよう。「しばらく、このスケジュールの問題から離れよう。その話はまたあとでするから。きみは私のほうへ身を乗り出して声を荒らげていて、とても礼を失しているように見える。あなたの心配ごとを解消してあげたいのはやまやまだが、こんな態度が続くとそれも難しくなる」

こうした態度のエスカレートに早めに気づけなかった場合は、反抗的な態度について話をするとともに、人事の専門家に助けを求めよう。

相手にひどいことを言って後悔する

【確かにそうだが……】「私はときどき、問題を長い間放っておいて、あるときふとその問題を持ち出して、ひどいことを口にしてしまう。こうなるのをどう防げばいい？」

難しいポイント

私たちは、誰かから迷惑なことをされると、その人が間違った悪い人間だというストーリーを創り上げる。これはいわば、不健全な話し合いのお膳立てをしているようなものだ。そんなひどいストーリーを抱えていると、言うまでもなくストーリーは悪化の一途をたどる。放置されたストーリーが、時間とともによい方向へ変化していくことはない。むしろ腐敗していく。そして、やがて我慢できなくなり、後悔するようなことを言ってしまう。

解決策

第一に、自分のストーリーを心の中に抑え込んではいけない。ストーリーが耐えられないほど悪化する前に、早い段階でＳＴＡＴＥスキルを使おう。第二に、自分の中で問題を悪化させてしまった場合、腹を立てた状態でクルーシャル・カンバセーションをしてはいけない。まずは、落ち着いて話し合いができる機会を作る。それからSTATEスキルを使い、見聞きした事実を説明し、自分のストーリーをわかりやすく、攻撃的にならないように仮説として話す。「きみは今、近所の人がぼくのことをばかだと思っていると言ったけど、その言い方が気になるんだ。きみはそう言ったとき、にやにや笑っていた。ぼくはこのごろ、きみがそういう悪い評判をぼくに伝えるのを楽しんでいるんじゃないかという気がしているんだけど、どうなの?」

ひどいことを言ってしまった場合は(「きみは残酷だな。わかってるの? ぼくを傷つけて喜んでいるんだろう。もううんざりだ」)、素直に謝ったほうがいい。言ってしまったことを言わなかったことにはできないが、謝罪することはできる。それから自分の「プロセスを告げ」よう。

個人的な問題やデリケートな問題を扱う

【確かにそうだが……】「身近に不潔な人がいたらどうする? あるいは、誰も近づきたがらないほどつき合いにくい人もいる。こういう個人的な問題、デリケートな問題はどう話せばいいのか?」

難しいポイント

大半の人は、デリケートな問題を疫病のように避けるが、それも無理はない。勇気をもって正直に言おうと思っても、相手を傷つけるかもしれないからと変に気をまわし、口を閉ざしてしまう。すると相手は、自分にとってこのうえなく有益な助言を受けないまま、何年も過ごすことになる。

また、こうした問題を口に出す場合、沈黙から一足飛びに暴力に向かう場合が多い。持ってまわった言い方で失礼なジョークやあだ名を口にしたり、奥歯にものが挟まったようなあいまいな物言いをしたりする。何も言わない期間が長ければ長いほど、最終的にこちらのメッセージを伝えるときに相手を苦しめることになる。

解決策

このような場合は「コントラスト化」を使おう。相手の感情を傷つけたいのではなく、相手の役に立つ助言をしたいのだと説明する。「共通の目的」を設定し、こちらが善意から話をしていることを相手に知らせる。また、こうした個人的な問題を話題にするのは気が進まないが、この問題は相手の生活に悪影響を与えているため、避けては通れないことを相手に伝える。それから、当の問題を仮説として話す。誇張したり尾ひれをつけたりしてはいけない。具体的な行為について説明し、解決策に話題を移そう。こうした話し合いは決して簡単ではないが、攻撃的になったり侮辱的になったりしては元も子もない。

言い逃れをする

【確かにそうだが……】「私の子供はいつも言い逃れをする。そんなことをしてはいけないとこちらが言うと、してはいけないとは聞いていなかったと答える。そう言う子供たちにいらいらしている」

難しいポイント

親や上司が、口のうまい子供や部下にだまされ、つたない行為や不十分な仕事を許してしまう場合がよくある。口のうまい人は、自分がいけないことをした理由やきちんと仕事ができなかった理由を無限に生み出す才能を持っている。創造力豊かな言い訳を思いつけるだけでなく、それを延々と繰り返すエネルギーや意思も持ち合わせている。そんな人を相手にしていると、やがてこちらは根負けしてしまう。その結果、言い逃れの才のある人は、つたない行為をしても、十分な仕事ができなくても許され、勤勉でまじめなほかの家族や部下が、その人たちの分を補うことになる。

解決策

この場合も、個々の出来事ではなくパターンに目を向けたほうがいい。屁理屈を言って言い逃れをするというパターンについて、STATEスキルを使い、仮説として話をするのだ。こうして誰もだませないことを相手に知らせる。その際、相手の行為だけにこだわってはいけない。言い逃れの才に長けた人は、不適切な行為をいくらでも思いつける。「妹を『ばか』呼ばわりするなとは言わなかったじゃないか」。そうではなく、相手の行為と、そこから生まれる結果について話をする。「おまえが『ばか』呼ばわりすれば、妹が傷つく。そんなことはするな。妹を傷つけそうなほかのこともな」

そして、以前の行為を例に挙げ、結果について相手に責任を取らせるようにする。個々の行為に関する議論に巻き込まれてはいけない。パターンを話題にしよう。

何の前触れもない

【確かにそうだが……】「私のもとで働いているのはいい人たちばかりだが、びっくりさせられることがあまりに多い。問題が起きると、遅すぎるころになってから知らせてきて、いつももっともな理由を述べる。いったいどうしたらいいのか？」

難しいポイント

いつも部下に驚かされるのは、そのような状況になるのを上司が認めているからだ。こうした上司は、従業員から「残念ながら問題が起きました」と最初に聞かされたときに、間違った対応をしている。問題を聞き、それに対処し、新たな話題に移りながら、こう言う。「私を驚かせるのはかまわない。正当な理由があるのなら、現在の仕事をやめてほかの仕事に移り、私が現れて指示を出すまで待て」

解決策

仕事を割り当てるときには、受け入れられる道筋が二つしかないことを明確にしておかなければならない。つまり、予定どおりに仕事を完了するか、問題にぶつかったらすぐに上司に知らせるかだ。そうすれば、上司が驚くような事態にはならない。同様に、むしろほかの仕事をする必要があると判断した場合にも、上司に知らせる。そうすれば、やはり上司が不意を襲われることはない。

要は「驚かされない」ためのルールをはっきりさせておくことだ。従業員が、仕事ができなかった正当な理由を述べてきても、最初に問題が発生したときに報告しなかったのであれば、それを新たな問題として扱う。「すぐに私に知らせることになっていたが、連絡はなかった。どうしてだ？」

どんなルールにも従わない相手と話をする

【確かにそうだが……】「私が話をしようとしている相手は、ほとんど会話の原則に従わない。重要なクルーシャル・カンバセーションのときは特にそうだ。そんな場合は？」

難しいポイント

人間全員を会話のスキルの高い順に並べていくと、当然大半の人間が真ん中あたりに落ち着く。私たちには、調子がいい日もあれば悪い日もある。また、「愚かな選択」を避けるのがうまい人もいれば、相手を安心させるのが得意な人もいる。もちろん、本書を読んでいる読者のまわりにいる人もさまざまだ。紛れもない会話の達人もいれば、そうでない人もいる。問題は、達人とは正反対の人と一緒に働いている（あるいは暮らしている）場合だ。この人は、ほとんど何のスキルも使わない。どうすればいいだろう？

言うまでもないことだが、相手のもっとも悪い部分だけを見て、相手を実際以上に会話ができない人間だと考えてはいけない。また、実際に会話ができないのなら、すべての問題を一度に解決しようとすべきではない。

解決策

誰ともまるで会話ができない人間が相手だと仮定しよう。こういう場合、どこから始めればいいだろう？　ちょうどいいたとえがある。象を食べるにはどうすればいい？　やはり一度に一口ずつ食べていくしかない。この場合も同じように、まずは標的とする問題を慎重に選ぼう。その際、二つの面から考えるといい。（一）あなたがいちばん困っている問題は何か？「あの人はいつも最悪の事態を想定して嫌な話をする」。（二）いちばん取り組みやすい問題は何か？「あの人は感謝の気持ちを全然示してくれない」

つまり、あなたがいちばん困っている問題の中で、さほど話しにくくない問題を探す。そして一つの問題を選んだら、話し合いに取り組む。「共通の目的」を設定し、相手が関心を持てるように会話を組み立てる。

「互いに好感を持てたら、こんなにうれしいことはない。だからきみとも、そんな機会を増やしていきたい。そのために、話し合いたいことがいくつかある。間違いなく二人の関係に役立つ話だ。話をしてもいい？」

ＳＴＡＴＥスキルを使ってある問題について説明し、まずはその問題だけに取り組む。決してあら探しをしたり、一度にあらゆる問題を取り上げたりしてはいけない。数ある問題は一日に一つずつ解決していこう。

11 これまで学んできたことをまとめる
――心がまえと学習のためのツール

私はどんな相手であれ、どんな話題でも議論に勝てる。みなそれを知っているので、パーティでは誰もが私を避ける。その才能に大いなる敬意を表して、私をパーティに招かないことさえある。

――デイヴ・バリー

短期間にこれまでのページを読んだ読者はおそらく、イボイノシシを飲み込んだアナコンダのような心境に違いない。消化するにはあまりに情報が多すぎる。
この段階ではまだ、これらすべてのアイデアをどう使い分ければいいのかと途方に暮れていることだろう。クルーシャル・カンバセーションのように展開の速い予測不可能な話し合いとなればなおさらだ。

そこで本章では、読者が会話のツールやスキルを覚えやすく、使いやすいものにするお手伝いをしたい。第一に、これらのスキルを使って人生を変えた人々から聞いた話をもとに、行うべき作業を単純化する。第二に、会話の七つの原則を視覚的に整理できるモデルを提示する。そして第三に、会話の原則すべてを適用したクルーシャル・カンバセーションの例を紹介する。

二つの鍵

筆者はこれまでに、本書に書かれている原則やスキルが大いに役立ったという話を頻繁に耳にした。だが、どう役に立ったのだろう？　印刷された文字が、どのような形で仕事や人間関係に重要な変化をもたらしたのだろう？

家庭や職場で人々を観察し、彼らに聞き取り調査をしてみて、わかったことがある。中には、特定のクルーシャル・カンバセーションに役立つスキルを一つ選び、それを実践することで状況を改善している人もいる。だがほかの人は、スキルにはあまりこだわらず、原則を重視している。たとえば、重要な二つの原則に意識を向ければ、そこから会話を実現する能力を効率よく高めていける。その方法を以下で説明しよう。

観察することを覚える　状況の改善に役立つ第一の鍵は、「観察することを覚える」である。会話スキルを高めていく人は、自分が相手と会話できているかどうかを常に確認している。これだけでも大きな違いがある。STATEやAMPPなどのスキルを覚えていない、あるいは学んだことのない人でも、自分が沈黙や暴力に陥っていないかどうかを確認するだけで、状況を好転させられる。こうした人は、自分が直面している具体的な問題を解決する方法は知らないかもしれない。だが、相手ときちんと会話しなければいけないことはわかっている。そのため、会話ができていないときには、会話に引き戻すための努力をする。実際、何もしないより努力をするほうがはるかにいい。

したがって、常にこう自分に問いかけるようにしてほしい。「自分はいいかげんな態度で相手に接しているか、それともきちんと会話をしているか？」。これが幸先のよいスタートを切るポイントとなる。

観察には、相手から学べるという利点もある。家族やチームを通じて話し合いの経験を積めば、考え方やアイデアを伝え合うなかで、会話によく使われる言葉づかいを学べる。こうしてクルーシャル・カンバセーションの話し合い方を共有すれば、それが状況を変える足がかりになる。

おそらく、会話ができていないときに会話に引き戻す方法としては、「会話から離れているような気がする」という表現を利用するのがもっとも一般的だろう。この簡単な言葉は、被害が大きくなる前に、早い段階で当事者が自分に気づくきっかけになる。筆者が幹部チームや作業グループ、夫婦を観察していた際にも、沈黙や暴力に陥り始めていることを誰かが指摘するだけで、たいていはほかの人がその問題を認識し、態度を変えていた。たとえば、こんな具合だ。「きみの言うとおりだ。私はまだ言わなければいけないことを言っていない」「ごめん。自分の考えを押しつけようとしていた」

安心させる　第二の鍵は「安心させる」である。本書で述べてきたように、会話とは認識の自由な流れを意味するが、安全性が欠けていると、その流れが大きく損なわれてしまう。そのため、自分や相手が会話から離れていることに気づいたら、安心感を高める努力をしよう。どんなことでもいい。本書でもそのためのスキルをいくつか紹介したが、それらはよく利用されている方法のごく一部でしかない。それに、この方法に一定の決まりがあるわけでもない。誰もが知るように、安全性を高めるためにできることは山ほどある。安心感を高めなければならないことに気づきさえすれば、十中八九、どうすればいいかが直感的にわかるに違いない。

　たとえば、相手に質問をし、その意見に興味を示せば、安全性を高められる。相手に触れることで安心感を与えられる場合もある（夫や妻や恋人、家族に限られる。職場ではセクハラと見なされるおそれがある）。事態が悪化しているときには、謝罪したり、笑顔を見せたり、短い「休憩」を提案したりすることも、安全性の回復に役立つかもしれない。要するに「安心させる」ことだ。相手が心地よくいられるようにしよう。ちなみに、「コントラスト化」から「プライミング」まで、本書で紹介したスキルはほぼすべて、安全性を高めるツールとして利用できる。

上記二つの鍵は、会話になっているかどうかを認識し、会話を組み立て、維持するための基礎となる。この二つであれば、会話の考え方を教えてもらったばかりの人でも、すぐに取り入れ、クルーシャル・カンバセーションに応用できるだろう。では次に、本書で紹介したほかの原則に関する話に進もう。

クルーシャル・カンバセーションにどう備えるか

本書のアイデアを実践するのに役立つ最後のツールを紹介しよう。クルーシャル・カンバセーション全体を通じて自分や相手の指針となる強力なツールである。これを使えば、自分が苦手な部分や、苦手を克服するためのスキルを見つけやすくなる。

以下の図表「クルーシャル・カンバセーションの指針」を見てほしい。第一列には、本書で紹介した会話の七つの原則を記し、第二列には、それぞれの原則に関連するスキルをまとめた。最後の列には、自分や相手を会話に導く出発点として考えるべきことを挙げた。

原　則	スキル	重要な質問
4、新しいストーリーを創る（第6章）	自分の「行動へのプロセス」をさかのぼる。 ストーリーと事実を分ける。 3つの「こじつけのストーリー」に注意する。 欠けた部分を補う。	私のストーリーはどんなものか？ 問題の一因は自分にもあるのに、それに気づかないふりをしていないか？ 道理をわきまえた常識的な人間がそんなことをするだろうか？ 私が心から望む結果に向けて今、何をすべきか？
5、プロセスを告げる（第7章）	S 事実を共有する T ストーリーを語る A 相手のプロセスを尋ねる T 仮説として話す E 反応を引き出す	相手の意見を心から受け入れようとしているか？ 本当の問題について話をしているか？ 確信をもって自分の意見を表明しているか？
6、相手のプロセスを探求する（第8章）	A 質問 M ミラーリング P パラフレーズ P プライミング A 同意する B 補足する C 比較する	積極的に相手の考えを探求しているか？ 不必要な言い争いをしていないか？
7、行動に移す（第9章）	決定方法を決める。 決定事項を記録し、フォローアップする。	どう決定するのか？ 誰が、いつまでに、何をするのか？ どのようにフォローアップするのか？

図表 11-1　クルーシャル・カンバセーションの指針

原　則	スキル	重要な質問
1、本音を探る （第3章）	本当に欲しいものに集中する。 「愚かな選択」をしない。	私は心から何を求めて行動しているのか？ 本当に望んでいるのは何か？ ●自分に何を望んでいるのか？ ●相手に何を望んでいるのか？ ●相手との間にどんな関係を望んでいるのか？ 心から望む結果を手に入れるためにどう行動すればいいか？ 私が望んでいないことは何か？ 心から望む結果を手に入れ、望まない結果を避けるためにどうすればいいか？
2、観察する （第4章）	話し合いがクルーシャル・カンバセーションになったときに気をつける。 安全性の問題に留意する。 自分の「ストレス下のスタイル」に注意する。	私は沈黙や暴力に陥ろうとしているか？ 相手は？
3、安心させる （第5章）	謝罪すべきときは謝罪する。 「コントラスト化」して誤解を正す。 CRIBスキルを使って「共通の目的」を創り出す。	なぜ安全性が損なわれているのか？ ●「共通の目的」を設定したか？ ●「相互の敬意」を維持しているか？ 安全性を回復するために何をすればいいか？

この質問に従って考えれば、該当するスキルを活用するのに役立つはずだ。

これらの原則がどのように機能するか?

最後に、クルーシャル・カンバセーションの真っただ中にいるときに、これらの原則をどう利用すべきかを示すために、やや長い事例を紹介しよう。ここに挙げたのは、あなたと妹との間で行われた、母親の遺産の分割に関する難しい話し合いである。以下では、上記の原則がどこで利用されているのかを示し、実践的な会話を通じてそれぞれの原則を簡単に復習できるようにしている。

話し合いは、あなたが夏の別荘の話題を持ち出したときに始まった。母親の葬儀は一ヵ月前に行われ、ついに財産や形見を分割すべき時期が来た。だがあなたは気が進まない。あなたはこの数年間、ほとんど一人で母親の世話をしてきたので、その正当な報酬が欲しいと思っている。それが問題をややこしくしている。妹が同じように考えているとは思えないからだ。

あなたのクルーシャル・カンバセーション

あなた　夏の別荘は売らないとな。もう使わないし、この四年間、お母さんの世話にお金がかかったから、その費用に充てる現金がいる。

妹　初めから私を責めるような言い方はやめて。私もお母さんの介護費用の足しになればと思って、毎月お金を送っていたでしょ。出張がなければ、私の家でお母さんをあずかるつもりだったんだから。

あなたは、すでに二人の感情が高ぶっていることに気づく。あなたは守りの態勢に入っており、妹は腹を立てているようだ。話し合いはクルーシャル・カンバセーションに入ったが、あまりうまくは進んでいない。

本音を探る

自分が心から望んでいることを自分に尋ねてみる。あなたは、妹以上に介護に費やした時間やお金に対して、正当な報酬が欲しいと思っている。その一方で、妹との良好な関係を壊したくはない。だが、「愚かな選択」は避けたい。そこであなたは自分に尋ねる。「妹以上に費やした労力やお金に対して正当な報酬が欲しいという希望を伝えながら、良好な関係を維持するには、どう話をすればいいだろう?」

観察する

あなたは「共通の目的」がないことに気づく。二人とも、遺産について話し合うというより、自分の行為を擁護しようとしている。

安心させる

「コントラスト化」を使い、妹にあなたの目的を理解させる。

あなた　ぼくはけんかを始めたいわけでも、おまえに反省を求めているわけでもない。だけど、この数年間、ほとんどの介護を引き受けてきたわけだから、その報酬について話をしたいんだ。もちろんお母さんを愛しているが、介護は金銭的にも精神的にもかなりの負担になったからね。

妹　お兄さんが私よりはるかに多くの負担をしたってどうして言えるの？

ストーリーをきわめる

あなたは、妹よりも母親の介護に時間や労力を割き、予定外の出費もまかなったため、それだけ多く遺産をもらうべきだというストーリーを創り上げている。そこで、自分の「行動へのプロセス」をさかのぼり、そのストーリーの背後にどんな事実があるのかを見きわめる。

プロセスを告げる

あなたの見聞きした事実やその解釈を妹に伝える。その際、妹が安心して自分のストーリーを語れるような話し方をする。

あなた　お母さんの世話をするのにかなりのお金を使った。それに、介護士を雇わないで自分で世話をしたから、とても大変だった。おまえもお母さんのことを気にしていたことは知っている。だけど正直なところ、毎日の世話については、おまえよりぼくのほうがしていたと思う。だから、お母さんの遺産から、ぼくが費やした時間やお金の分をもらってもいいんじゃないかと思ったんだ。でも、おまえの考え方は違うのかな？　話をしてくれないか？

妹　そう、わかった。領収書を見せてくれない？

妹は、あなたの提案に心から納得してはいないようだ。声に緊張が見られ、心から同意しているのではなく、あきらめたような口調で話をしている。

相手のプロセスを探求する

あなたの目的の一つは、妹との良好な関係を維持することにある。そのためには、共有認識のプールに妹の考えを追加することが大切だ。相手に話を促すスキルを使い、積極的に妹の考えを探求する。

あなた　その口ぶりからすると、ぼくの提案に納得していないんじゃないかな［ミラーリング］。ぼくが気づいていないことが何かあるの？［質問］

妹　別に。お兄さんが、自分のほうが遺産を多くもらうべきだと思っているんなら、それで間違いないんじゃない？

あなた　不公平だと思ってる？　おまえも介護に貢献したのに、ぼくがそれを認めていないと？［プライミング］

妹　確かにこの数年、あまりそばにはいられなかった。仕事であちこちに行かなきゃならなかったから。それでも、できるかぎり様子を見に来たし、お母さんの介護費用の足しになればと毎月お金を送った。必要なら介護士を雇う費用も分担するって言ったし。でも、お兄さんが介護の分担が不公平だと思ってたのは知らなかったから、お兄さんが遺産でその埋め合わせをしたいと言ったのが意外だったの。

あなた　つまりおまえは、できるかぎりのことはしたと思っているのに、ぼくが正当な報酬をもらうべきだと思っているから、それを聞いてびっくりしたんだね？［パラフレーズ］

妹　そうね。

相手のプロセスを探求する

あなたは妹のストーリーを理解したが、まだ意見が一致しない部分がある。そこで、ABCスキルを使って二人の見解がどう違うかを説明する。あなたの見解は、妹の見解と部分的には一致している。そのため、補足のスキルを使い、一致している部分を強調しながら、一致していない部分を提示する。

あなた　そのとおりだ。おまえはたくさん手を貸してくれた。何度もここへ来るのに旅費もけっこうかかったと思う。ぼくが専門の在宅介護士を雇わないことにしたのは、お母さんがぼくに世話されたほうが気が楽だと言ってたし、ぼくもそれでかまわないと思ったからなんだ。ただ、おまえが知らない臨時の出費もあった。最後の一八ヵ月は新しい薬を処方されたんだけど、それが以前の薬の倍も高かった。保険金は入院しないと支払われない。だから出費が増えたんだ。

妹　その費用のことを言っていたのね？　その出費を調べて、どう分担するか決めればいいんじゃない？

行動に移す

あなたは、こうした出費をまかなう具体的なプランを作りたいと思っている。だがそれは、二人が同意できるものでなければならない。今後どうするかで合意を形成し、「誰が」「いつまでに」「何を」するかを記録し、「フォローアップ」の方法を決める。

あなた　二人が支払いに同意した金額以上の出費については、すべて記録してある。明日にでも一緒にそれを見て、ぼくがどれだけもらえば公平か話し合うってことでいいかな？

妹　わかった。そのときに遺産の検討をして、どう分割するかプランをまとめよう。

私のクルーシャル・カンバセーション――アフトン・P

二〇〇四年の夏、夫がスイスのジュネーブで、誰もが望む国連の仕事の実務研修を受ける機会を手に入れた。私たち夫婦は現地に滞在している間に、女性のために活動するNGO団体のジュネーブ代表と懇意になった。代表は、国連で間もなく開催される「人権の促進と保護に関する小委員会」に向けた準備をしていた。

私は、この団体の意義ある活動に引かれ、子供の人権侵害を防ぐため、国連の支援を求める取り組みに参加した。中心的に取り組んでいたのは、子供の誘拐や安全、とりわけ、宗教的な迫害、少年兵、性奴隷として売られる幼い少女の問題である。一部の国の当局者は、こうした忌まわしい行為に目をつぶっていた。

この団体が国連の小委員会に提出するレポートの作成に取り組んでいたとき、私は伝えていいことといけないことがあることが気になった。団体の委員長から、こうした問題行為が行われている国の名前を明示しないようにときつく言われたのだ。政治にさほど詳しくもない二二歳の学生だった私は、「なぜだめなんですか？」と尋ねた。すると団体側は、こうした問題に「見て見ぬふりをする」一部の国の当局者を怒らせないよう、細心の注意を払う必要があると言った。相手との関係を損ないたくなかったからだ。

私は悩んだ。世界を変える活動を後押ししたい。だが、具体的な国名を出さなければ、レポートの重みがほとんどなくなってしまい、この小委員会での絶好の機会が失われてしまうのではないかと不安になった。私はすぐに本書のことを考え、それを持ってこなかったことを後悔した。夏季休暇中に研修先のスイスで本書が必要になるとは思わなかったのだ。しかしありがたいことに、基本的な内容は覚えていた。本書の原則を利用すれば、デリケートな情報でも率直に、なおかつ相手に敬意を払いながら表現できるはずだ。私はそう団体に主張した。

すると意外なことに、団体側はレポートの描き直しを私に許可してくれた。私は喜んだが、自分が害を及ぼすおそれもあることを考えると怖くもあった。さまざまな文化を持つ無数の国の人々に、慎重に訴えかけなければならない。私は寝る間も惜しんで、相手に敬意を払いつつ問題を率直に表現した草稿の作成に没頭した。事実を述べ、苦しんでいる子供の人権を守るという共通の目的に集中することを忘れないようにした。こうして完成した草稿を団体に見せると、団体側もこの草稿のほうが率直でありながら、適切な配慮も示していることを認めてくれた。

意外なことはさらに続いた。小委員会での発表の一〇日前、団体が小委員会でのレポートの発表を私に依頼してきた。私は驚きながらも光栄に感じた。またしても不安が頭をもたげてきたが、私はすぐにその依頼を引き受け、それからの数日間、睡眠時間を削って発表の準備に専念した。

とうとう自分がレポートを発表する番になった。わくわくしていたが、多少の不安もあった。だが私が発表を終えると、聴衆の多くが心を動かされたようだった。目に涙をためている人もわずかながらいる。私のもとに駆け寄ってきて、配信や記録のためレポートのコピーを求める人もいた。彼らは感動した様子で近づき、デリケートな問題を取り上げた私に感謝してくれた。

私はこの経験から数多くの教訓を学んだ。その中でも特筆すべきは、正しいスキルを使えば、相手に敬意を払いつつ問題を率直に提示することもできるということだ。私は「クルーシャル・カンバセーション」の知識のおかげで、表現の制限を強要された際に、自分の信念を貫き通すことができた。それは、記憶に残る意義ある経験となった。

――アフトン・P

結論――大切なのはコミュニケーション方法ではなく結果である

最後にまた冒頭で述べたことを取り上げたい。本書の最初のほうで筆者は、当初からコミュニケーションの問題を研究していたわけではないという話をした。実際、筆者のいちばんの関心は、コミュニケーションの本を書くことではなく、むしろ決定的瞬間を見つけることにあった。私たちの行動が、その組織、人間関係、生活に多大な影響を及ぼす瞬間である。その筆者の研究が再三証明しているところによれば、私たちは、感情的・現実的に見てリスクの高い話し合いに向かう瞬間に注意を払う必要がある。だからこそ本書では、その瞬間をクルーシャル・カンバセーションと呼び、その対応策を論じてきた。私たちのリーダーシップの質、生活の質は基本的に、私たちがこの決定的瞬間にどう対処するかに左右される。

筆者が本書を執筆したのは、読者がいちばん気にかけている問題を根本から改善する手助けがしたいと思ったからにほかならない。本書を書き終えるにあたって、読者がそうしてくれることを心から望む。ぜひとも本書の内容を実践してほしい。今すぐにでも、改善できそうなクルーシャル・カンバセーションを探そう。そして、この最終章のツールを使って必要な原則やスキルを確認し、これまで以上に効果的にクルーシャル・カンバセーションに挑戦してみよう。

完璧でなければ改善できないというわけではない。これは、筆者の研究でもはっきり証明されている。改善が少しずつしか進まなかったとしても、心配する必要はない。本書のアイデアに根気よく取り組んでいれば、仕事上の成果においても人間関係においても、いずれ劇的な改善が見られることを約束する。上記の瞬間は本当に決定的な意味を持つ。そのときにほんの少し変化を加えるだけで、計り知れないほどの改善が期待できる。

あとがき　クルーシャル・カンバセーションについて

過去一〇年間に筆者が学んだこと

私の世代で最大の発見は、人間は心がまえを変えれば人生を変えられるということだ。

――ウィリアム・ジェームズ

これまでは筆者四人が一人の語り手として話をしてきたが、このあとがきでは四人が個別に話をすることにしよう。本書の初版が出版された二〇〇二年以来、私たちが世界中を旅した距離は数百万キロメートルに及ぶ。その間、数十万人もの聴衆の前に立ち、この必要不可欠なスキルについて研究成果を伝えたり、アドバイスを提供したりしてきた。言うまでもなく、大勢の人々と交流することで誰よりも多くを学んだのは、私たち自身だ。私たちが出会った人々は、本書のアイデアを習慣化しようと努力する私たちと同じように努力を重ね、自分の生活を豊かにし、自分の属する組織を強化しようとしていた。あとがきでは、こうした読者との交流、あるいは自分が直面した人生の難題を通じて、過去一〇年間に私たちの考え方がどのように変わったかをお伝えしたい。

アル・スウィッツラー

私はこれまで、「クルーシャル・カンバセーション」のスキルは、ほかの人と一緒に、あるいはほかの人のそばで生活したり働いたりしている場合にのみ利用できると述べてきた。それはもちろん私自身にもあてはまる。この一〇年間、私は自分の難題に立ち向かい、わずかな失敗と数多くの成功を経験し、そこからいくつかの教訓を学んだ。実際にあった出来事とそこから学んだ教訓をいくつか紹介しよう。

一、私は何百回と空港に行ったことがある。ある日、妻を迎えに空港へ行ったとき、駐車料金を払わずにすむ完璧なプランを立てていた。何もかもうまくいけば、駐車場に入ってから三〇分以内に駐車場を出られるだろう。私はこのプランどおりに空港に到着し、妻のリンダに会ってハグをすると、妻の荷物をカートに乗せ、出口へと急いだ。三〇分もたっていないはずだった。ところが駐車場の係員は「三ドルです」と言う。私は駐車切符を見るように言った。それによれば「二九分」しかたっていない。私は繰り返し、無料のはずだと言い張った。妻が控えめに肘で突いてきたが、どうしても納得できず、その係員に上司を呼ばせた。だがその上司も、コンピューターが正しく、切符が間違っているのだと言う。不愉快になった私は、三ドルを払ってその場を去った。

教訓　私たちは「人間はいちばん大切なときに最悪の行動を取る」と教えているが、まったくどうでもいいときにも最悪の行動を取ることがある。私はそれを学んだ。話し合いを制御するシステムはないため、自分がいつも注意を払っていなければならない。私は以来、問題の前兆となるサインをとらえる練習をし、早い段階から自力で問題に気づけるようになった。

二、私はこの数年の間に、クルーシャル・カンバセーションの中でもとりわけ苦手な分野があることに気づいた。たとえば、こんな場合だ。「相手がまるで感謝の念を示してくれないときに、それをどう指摘すればいいか？」。私はそれを考えるといらいらし、その人を避けた。しかし、「道理をわきまえた常識的な人間がそんなことをするだろうか？」と考え直し、新しいストーリーを創ろうとした。だが結局、何の解決策も見つからず、悩みを抱えたまま何も言い出せなかった。実際のところ、私は質問を誤っていた。本当は自分にこう尋ねるべきだったのだ。「私が心から望んでいることは何か？」。こう尋ねることで私は、自分が感謝されたいのではなく、その人を助けたいと思っていることに気づいた。するといらいらした気持ちは治まった。

教訓　適切な解決策を見つけるには、適切な質問を自分に尋ねる必要がある。

三、数年前、基調講演のあとで女性が私のもとにやって来て、手持ちの本書にサインを求めた。その本は、私がこれまで見たことがないほど線が引かれ、付箋が貼られ、ページの隅が折られていた。私はサインをすると、この本をずいぶん使い込んでいるんですね、とコメントした。女性はよく利用していると答え、私がさらに尋ねると、義理の兄や、自分が働いている企業の上司やほかの部署に問題を提起したと述べた。感心した私はこう言った。「非常に興味深い話ばかりですね。あなたはその企業でどんな役職についているんですか？　人事部長？　それとも最高執行責任者？」。すると、女性は何もわかっていないとでも言うように私を見て、丁重にこう言った。「ご存知ないんですね。私はＩＴ業界で働いています。この業界では地位は関係ありません。問題を最初に見つけた人がクルーシャル・カンバセーションをします。私が問題を解決するわけではありません。ただ、相手が不安を抱かないような形で問題を提起するだけです」

教訓　クルーシャル・カンバセーションについて新たな教訓を教えてくれる人はたくさんいる。

ジョセフ・グレニー

私は数週間前、一五歳の息子に腹を立てた。ちなみに息子のハイラムは、めったにお目にかかれないほど立派な青年だ。とても正直で、利口で、親切で、頭がよく、きわめてまじめだ。私は息子を愛している。

それでも私は、息子に怒りを感じた。その瞬間、息子が失礼で、冷淡で、恩知らずで、こちらの善意につけ込む人間に思えた。それが、息子について私が創り上げた「ストーリー」だ。そのストーリーから、息子にひどいことを口走りかねない強い感情が生まれた。息子は私が望まない行為をした。私はその瞬間の感情にのまれ、よい目的で相手を手厳しく非難するのは息子の更生に役立つと、正気とは思えない確信を抱いた。実際、そこで息子を非難するのは、思いやりのある父親としての道徳的義務だと思っていた。

この恥ずべき瞬間は、過去一〇年間でもっとも記憶に残る出来事となった。私は、次第に二つのことに気づいた。（一）決定的瞬間にはそのときの感情が本物だと思えること、（二）実際にはその感情が誤りであることだ。私はこの経験を通じ、強い感情を抱いた瞬間に自分が考えていたことを疑い、これまでに学んだツールを使えば、まったく別の感情を生み出せることを実感した。

私が何回となく学んだことがもう一つある。それは、こうした強い感情が、身近な人に対する見方を損なうおそれがあるということだ。「被害者のストーリー」、「悪党のストーリー」、「無力な人のストーリー」に捕らえられてしまうと、動機が悪化し、相手を正さなければならないという強い思いに駆られてしまう。その結果、相手をありのまま見ることができなくなる。大切な息子でさえ怪物に見えてしまう。

私は、自分の脳が息子に向けて何の役にも立たない言葉を投げつけようとしたとき、そのような場合にどうすべきか読者にアドバイスしたとおりに行動した。自分に「私が心から望んでいることは何か？」と尋ね、自分が創り上げたストーリーに異議を唱えた。道理をわきまえた常識的な人間であるはずのハイラムがそんなことをするだろうかと考え、自分が果たすべき役割を考えた。するとほんの数秒で、胸の筋肉の緊張が解け始めた。怒らせていた肩が優に五センチメートルは下がり、握りしめていたこぶしも緩んだ。何より重要なのは、心も緩んだことだ。

その瞬間、目の前にいたハイラムも変わった。もはや怪物ではなく、傷つきやすく、優しい、大切な息子になっていた。ほんのしばらく前には、そのときの息子に対する見方が正当かつ真実のものだとすっかり思い込んでいた。しかし今ではまったく異なる見方をし、それが先ほどの見方よりもはるかに正当かつ真実のものだと感じていた。

人間の感情は信じられないほど変わりやすい。決定的瞬間の感情はほとんどの場合、間違っている。だが練習を積めば、それを変える驚異的な力を身につけられる。こうした感情を変えると、周囲の人の見方だけでなく、自分の人生そのものを変えられる。

ケリー・パターソン

この一〇年間、本書を読んだ人と話をしてきたが、本書が大変役に立ったと言う読者の数にはいつも驚かされる。だがこの人たちに、具体的にどの部分がいちばんためになったかと尋ねると、ためらいがちに、本をすべて読んだわけではないと答える。さらに詳しく聞くと、ほとんど読んでいないという人がけっこういる。つまり、ざっと目を通しただけだ。それでも、そのタイトルや表紙、見出し、あるいは最初の数ページが、何らかの形で役に立っているという。彼らはうそを言っているわけではない。実際に、流し読みしただけで大いに効果があったのだ。

どうしてそんなことになるのか？　詳しく調べてみると、あることがわかった。本書では、話し合いの中にはきわめて重要なものもあり、それに特別な名称をつけ、特別な対処をする必要があるというシンプルな考え方を提示している。それにより読者は、重要な結果を伴う話し合いをするときには注意が必要なことに気づいたのだ。そんなときには、怯えたり腹を立てたりして最悪の自分を露呈してしまうのではなく、最良の会話スキルを活用すべきだ、と。

一般的な読者は、それなりにコミュニケーションのスキルを持っている。それまでオオカミに育てられていたわけではない。話し合いが本筋からそれたときには、もっとよく理解しようと耳を傾けられる。思慮深く、気持ちよく相手に接することもできる。厳しい言葉やぶっきらぼうな非難を口にしないことも間違いなくできる。これらはいずれも、すでに持っているスキルだ。

つまり実際には、本書に書かれたあらゆる考え方やスキルを前もって勉強しておく必要はない。かなりの人が、すでにコミュニケーションのスキルを備えている。だが、その状態で本書にざっと目を通すことで、よりいっそう話し合いへの心がまえができるのだろう。

実際、クルーシャル・カンバセーションに入ろうとしていること、その場で自分がサルみたいな行動を取らないよう注意しなければいけないことに気づきさえすれば、それだけで話し合いを成功に導ける可能性ははるかに高まる。

私がこうした読者の反応をうれしく思うのは、そこに多大な希望があるからだ。本書の内容を隅々まで読み、集中的な訓練に何ヵ月も費やし、クルーシャル・カンバセーションを成功させるスキルを身につける必要はない。重要な結果や強い感情を伴う話し合いは、あらゆるスキルを身につけなければ対処できないものではない。

読者の中には、何気ない話し合いがクルーシャル・カンバセーションに変わったことを示すサインを知ったおかげで、最適な行動を取れるようになった人がいる。自分が沈黙や暴力に陥っても、謝罪し、もう一度始めからやり直せばいいことがわかり、出だしでつまずいても会話の軌道修正ができるようになった人もいる。安全性を回復することがどんな話し合いにも応用できることに気づいた人もいれば、おぞましいストーリーを語らないことが大事だと思った人もいる。

もちろん、より多くのコミュニケーション・スキルを学べば、その分さまざまな状況にうまく対処できるようになる。確かにそうだが、クルーシャル・カンバセーションを始めたいと思っているのなら、一つだけでもいいので本書のアイデアを理解し、重要な結果を伴う次の話し合いでそれを使ってみてほしい。それだけで、自分の本音を語り、相手に安心して本音を語らせることができるかもしれない。

ロン・マクミラン

私はこの一〇年間、「クルーシャル・カンバセーション」の原則やスキルが、組織の成果や個人の生活に力強いプラスの影響を及ぼすさまを驚くほど目のあたりにした。実際、そのスキルの効果を証明する個人の体験談や企業の実例、研究成果は無数にあり、このスキルが大いに役立つことについては圧倒的な自信がある。だがときには、こんな教訓を突きつけられ、バランスの取れた考え方を忘れてはならないと思うことも多い。

本書で述べたあらゆることを指示どおり正確に行ったとしても、相手に会話をする気がなければ、会話は生まれない。

相手は、こちらの努力にどう応えるかを自分で選べる。クルーシャル・カンバセーションのスキルは、相手をコントロールするテクニックでもなければ、相手の行動を操作したり相手の主体性を奪ったりするツールでもない。このスキルにも限界があり、相手がこちらの望みどおりに動いてくれる保証はない。

だが、本書の代金を返せと言う前に、私が学んだもう一つの教訓について考えてほしい。本書のもともとのタイトルは「Crucial Conversations」と複数形になっている。つまり、クルーシャル・カンバセーションは一つではなく無数にあるということだ。私たちは、クルーシャル・カンバセーションを、「この問題を解決する唯一のチャンス」、「相手との関係を改善する唯一の話し合いの場」、「状況を正す唯一の機会」と考えたがる。

だがそうではなく、あるクルーシャル・カンバセーションを、これからの会話の糸口と考えてはどうだろう？　悪い関係を改めるための最初のステップ、誤りを正すために必要な数多くのステップの中の第一のステップである。私たちはたいていの場合、「共通の目的」や「相互の理解」に基づいた話し合いだけでなく、それに基づいた豊かな人間関係を求めているのではないだろうか？　これらの原則やスキルを使ってチームや家族の人間関係を築くには、長期的な視野が必要になる。そう考えれば、たった一度の話し合いのためだけでなく、理想的な習慣や生活、愛情関係を築くためにこれらのスキルを使うのが、賢い使い方だと言える。

私は数年前、十代の娘のことをひどく心配したことがあった。娘の成績はそれまでオールAだったが、急に成績が落ち、CやDを取るようになった。身だしなみにもあまり気をつかわなくなり、放課後もそれまでは友人とどこかへ出かけていたのに、部屋に一人でこもるようになった。私は何かあったのではないかと思った。

私はできるかぎりのスキルを使い、娘に話をさせようと繰り返し努力したが、娘はよそよそしく口を閉ざしたままか、不機嫌そうに一言返すだけだった。話をしたとしても、文句や嫌みしか言わない。

ここで、娘とのクルーシャル・カンバセーションは失敗に終わったとあきらめるのは簡単だ。しかし、たった一度のクルーシャル・カンバセーションで、娘との会話が生まれるわけでも問題が解決するわけでもない。根気よく原則やスキルを駆使していれば、やがてそれが大きな力を及ぼすこともある。実際、娘に話をさせようと私が心からの努力を重ねるごとに、娘の安心感は高まったようだ。私は、安全性を損なうことがないように、娘の嫌みにも丁寧に応えた。娘がうんざりする前に追求をやめ、娘のプライバシーに敬意を示した。こうして誠意を示し、力になりたい気持ちを伝えていると、娘の否定的な態度も徐々にやわらいだ。

やがて忘れられない瞬間が訪れた。数週間我慢強く努力を続けていると、娘はもう十分に安全だと思ったのか、私のもとへ来て何が問題だったかを伝え、私に助けを求めてきたのだ。その話し合いにより、共通の理解が生まれ、今後の選択肢が導き出され、娘はそれに向けて努力する決意を示した。

本書に書かれたとおりにクルーシャル・カンバセーションのスキルを使っても、相手に会話をする気がなければ、会話は生まれない。だが、根気よくそれを続けていけば（相手に腹を立てず、こちらの本当の動機を伝え、敬意を示し、絶えず「共通の目的」を探っていけば）、いずれは相手も会話に参加してくれる。

What We've Learned in the Past Ten Years（筆者が過去一〇年間に学んだこと）

四人の筆者が前記の知見をオンラインで紹介している。
動画を視聴するには、www.CrucialConversations.com/exclusive へ。

謝辞

本書が世界中に広まるにつれ、出版に貢献してくれた数多くの優秀な仕事仲間への感謝の気持ちも高まった。読者の方々もともに、こうした人々に感謝していただければ幸いである。彼らは、筆者のアイデアを数十ヵ国語に翻訳し、何百万という人々に伝える手助けをしてくれただけではない。彼らがいなければ、これほど効果的にアイデアを整理することもできなかっただろう。

以下に紹介するのは、筆者並みに出版に尽力してくれたバイタルスマーツの一〇〇名以上のスタッフのごく一部に過ぎない。

ジェームズ・オルレッド、テリー・ブラウン、マイク・カーター、プラット・クラーク、ジェフ・ギブズ、ジャスティン・ヘイル、エミリー・ホフマン、トッド・キング、ブリトニー・マックスフィールド、メアリー・マクチェスニー、ジョン・マイナート、ステイシー・ネルソン、リック・ルーシック、アンディ・シンバーグ、ミンディ・ウェイト、ヤン・ワン、スティーブ・ウィリス、マイク・ウィルソン、ロブ・ヤングバーグまた、優秀な講師として多大な成果を挙げているアメリカの提携事業者の方々にも感謝したい。

ロジャー・ディーン・ダンカン、ダグ・フィントン、イレイン・ゲラー、ヘイデン・ヘイデン、ジャン・フランソワ・イヴォン、リチャード・リー、サイモン・リア、メアリー・ロウ、ジム・マハン、マージー・モールディン、ポール・マクメアリー、ジム・ムノア、ラリー・ピータース、シャーリー・ポートナー、マイク・クインラン、スコット・ローゼンク、ハワード・シュルツ、カート・サウザム、ニール・ステイカー

最後に、「クルーシャル・カンバセーション」を世界に広めてくれたパートナーの方々に謝意を表したい。

オーストラリア――スティーブ・メイソン
ブラジル――パウロ・クレトリー、ジョズマル・アライス
中国――ジョー・ワン、ジェニー・シュー
エジプト――ヒシャム・エル・バクリ
フランス――カティア・ビラック、ダグマール・ドリング

ドイツ――トム・バーターマン、ピョートル・ビーン
インド――ヨゲシュ・スード
イタリア――カタルジナ・マルコウスカ
日本――千田彰、本多佳苗
マレーシア――V・シザム、VS・パンディアン
オランダ――サンデル・ファン・アインシュベルヘン、ヴィレケ・クレーメル
ポーランド――マレク・ホイム、ピョートル・ソブチャク
シンガポール――ジェームズ・チャン、エイドリアン・チョン
南アフリカ――ヘレネ・フェルマーク、ジェイ・オーエンス
韓国――ケン・ギム
スペイン――ロビン・シュイト
スイス――アルトゥーロ・ニコラ
タイ――TP・リム
イギリス――グラハム・ロブ、リチャード・パウンド

世界中の読者からの反応

「どんな本であれ、その内容を自分に関連づけることができ、わかりやすく、簡単に実践でき、きちんとした研究に基づいたものであれば、大きな影響力を持つ。本書には、これらの要素すべてがある。その内容は世界に通じる魅力を持ち、文化の壁を超える力がある。実際、インドの価値観とも密接なつながりがある。本書で紹介されたスキルがあれば、決定的瞬間に誰もが安心して自分の考えを表明できるようになる」――タタスカイ（インド）教育開発部部長代理、チャランジット・レハル

「私はずっと、自分はコミュニケーション能力が高いと思っていた。だが油田で働くようになると、口汚い罵りの言葉や攻撃的な言葉が日常的に使われていて困ってしまった。そんなときに本書を四回読み、自分をすっかり変えることができた。生まれて初めて、誰とでも、どんな話題についても話す勇気が持てた。これまで読んだ本の中でもきわめて重要な一冊だ」――NSAのサプリメント「ジュース・プラス」の販売請負、デイヴ・ヒル

「子供の能力向上の仕事に携わって三五年になるが、これほど価値のある内容、人生を変

える内容の本には出会ったことがない。チーム育成、業績管理、対立解消、問題解決などのスキルのいずれにもあてはまる本があるとすれば、本書がまさにそうだ」――児童保健機構組織開発部部長、テリー・モンロー

「仕事にも私生活にも影響が及ぶ本などめったにない。だが本書は、職場でも家庭でも相手を傷つけてしまう私のコミュニケーション・スタイルを変えてくれた。本書が私の人生にこれほど大きな影響を及ぼすことができたのは、その内容が社会科学的研究に基づく確固たるデータから導き出されたものだからだろう。これはまさに人生を変える本だ」――スタレルジェーヌ中東地域担当責任者、ガッサン・クトブ

「終身雇用の従業員が多い組織にCEOとして迎え入れられ、これまでに多くのクルーシャル・カンバセーションを実践してきた。その一つひとつの話し合いを乗り切るうえで、本書は虎の巻としてこのうえなく役に立った」――オレゴン州医師会上級副社長兼CEO、ジョアンヌ・K・ブライソン（公認協会理事）

「学級の担任教師を一四年間務めた後、去年は初めて管理職として働くことになり、大きな問題に直面した。生徒やその親に『よくない』ニュースを伝えることは抵抗なくできた

が、教師に『よくない』ニュースを伝えるのはなかなかできなかった。だが本書を読み、どんな話題であれ、誰とでも話せる心がまえができた。そのおかげで、学校管理者としての最初の一年は大成功に終わった」――マディソン郡学区ルーサー・ブランソン小学校教育指導、テリー・ソーントン（全米委員会公認教師）

「本書のおかげで、よりよき夫、父、兄、管理者になれた。できれば三〇年前にこの本を読みたかった。人生を変える本に出会えたことに感謝している。機会があるごとにその内容を伝えていきたいと心から思う」――イングラム独立学区最高財務責任者、ロン・マクビー

「本書は、仕事の面でも私生活の面でも人生のターニングポイントになった。その場その場に応じて対応を変え、異なる結果を導き出す方法が具体的に書かれている。この本から学んだスキルを使い、息子との間に、愛情あふれる強い絆を取り戻すことができた」――イギリス・サリー州在住、リアナ・エイヴィス

■原注

第1章

1）Clifford Notarius and Howard Markman, We Can Work It Out: Making Sense of Marital Conflict (New York: G.P. Putnam's Sons, 1993), 20-22, 37-38.
2）Dean Ornish, Love and Survival: The Healing Power of Intimacy (New York: HarperCollins Publishers, 1998), 63.
3）Ornish, Love and Survival: The Healing Power of Intimacy, 54-56.

第2章

4) Cathleen F. Crowley and Eric Nalder, "Within health care hides massive, avoidable death toll," Hearst Newspapers, August 10, 2009.

第6章

5) The Arbinger Institute, Leadership and Self-deception: Getting Out of the Box (San Francisco: Berrett-Koehler, June 2000), 72-74.（『自分の小さな「箱」から脱出する方法』、大和書房、2006年）

■訳者紹介

山田美明（やまだ・よしあき）
英語・フランス語翻訳家。東京外国語大学英米語学科中退。訳書に『ドライバーレス革命』『ＡＩ時代の勝者と敗者』（以上、日経BP社）、『ゴッホの耳』（早川書房）などがある。

■翻訳協力／株式会社リベル

【免責事項】
本書に記載されているURLなどは予告なく変更・削除される場合があります。

■著者紹介

ケリー・パターソン（Kerry Patterson）

受賞歴のある優れた研修プログラムを生み出し、長期的な改革を数多く主導している。2004年には、組織行動に関する傑出した業績が評価され、ブリガムヤング大学マリオット経営大学院のダイアー賞を受賞した。スタンフォード大学で博士号を取得。

ジョセフ・グレニー（Joseph Grenny）

講演者やコンサルタントとして高い評価を受け、過去30年にわたり大規模な企業改革に手腕を発揮している。世界中の貧困者の経済的自立を支援する非営利組織ユナイタス・ラブズの共同設立者でもある。

ロン・マクミラン（Ron McMillan）

講演者やコンサルタントとして高い人気を誇る。コヴィー・リーダーシップ・センターの設立に携わり、研究開発担当副所長を務めた。下位の管理者から一流企業の幹部まで、幅広いリーダーを相手に仕事をしている。

アル・スウィッツラー（Al Switzler）

コンサルタントや講演者として有名で、世界中の一流企業数十社のリーダーを相手に研修や経営管理の指導をしている。ミシガン大学の経営幹部育成センターで教授を務める。

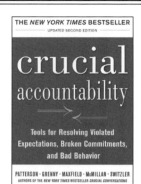

バイタルスマーツとは

企業研修やリーダーシップ育成を革新するバイタルスマーツは、30年に及ぶ独自の研究を、この50年間に築き上げられた社会科学の成果と結びつけ、これまでにない業績を達成しようとする企業を支援しています。その研究で特に注目しているのが、人間の行動、すなわち、従業員の日常的な行動を方向づける基本的なルールです（そこには暗黙のルールも含まれます）。

バイタルスマーツは、世界一流の企業との仕事を通じ、成功する企業にはある重要なスキルが存在することを発見しました。この高い影響力を持つスキルを組み合わせて使えば、そつのない業務遂行や持続的なイノベーションを促す健全な企業文化が生まれます。そのスキルについては、受賞歴のある研修プログラムや、ニューヨークタイムズ紙のベストセラーリストにも掲載された書籍（『クルーシャル・カンバセーション（Crucial Conversations）』『クルーシャル・コンフロンテーション（Crucial Confrontations）』『インフルエンサー（Influencer）』（訳注：邦訳は『インフルエンサー 行動変化を生み出す影響力』吉川南訳、パンローリング、2018年）『チェンジ・エニシング（Change Anything）』（訳注：邦訳は『自分を見違えるほど変える技術 仕事・お金・依存症・ダイエット・人間関係 チェンジ・エニシング』本多佳苗・千田彰訳、阪急コミュニケーションズ、2012年）『ゲッティング・シングズ・ダン（Getting Things Done）』（訳注：邦訳は『はじめてのGTD ストレスフリーの整理術』田口元訳、二見書房、2008年）で解説しています。

バイタルスマーツはこれまでに、200万人以上に研修を行ってきました。また、アメリカを代表する大企業300社以上に、迅速かつ持続的に従業員の行動を改善し、多大な成果を実現できるよう支援してきました。その結果、インク誌の「急成長を遂げたアメリカ企業」に、10年連続で選ばれています。

弊社サイトのおすすめコーナー

動画にアクセスしよう

実際にクルーシャル・カンバセーションをしてみたいけど、どうアプローチすればいいかわからない？ そう思っているのは、あなただけではありません。そんなときには当サイトの動画を見て、本書で学んだスキルが現実の場面でどう利用されているか確認してください。あなたの会話レベルの向上にきっと役立つはずです。ポップコーンを忘れずに！

例題に挑戦しよう

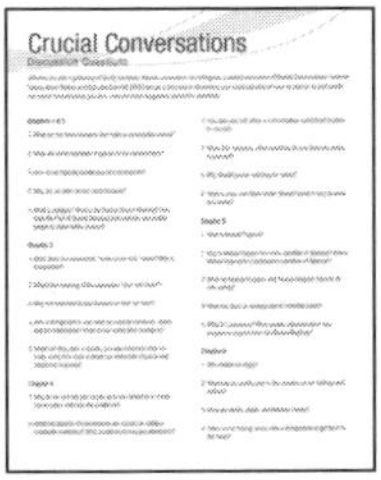

次の読書会で、関連がありそうな例題に挑戦してみましょう。大勢で学習すれば、スキルを強化できます。

モデルを使って覚えよう

本書を読み終えても、そのスキルを思い出して使えるかどうかが問題です。本書で学習したクルーシャル・カンバセーションのスキルを視覚的に思い出せるこの図をダウンロードして、机のそばに貼っておきましょう。

ニュースレターのコミュニティに参加しよう

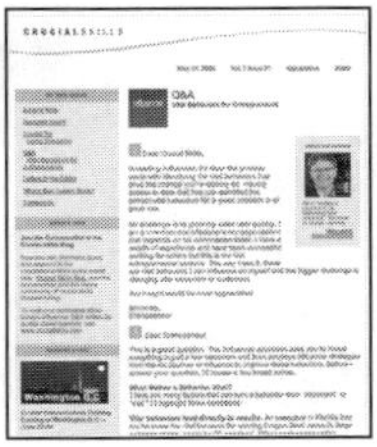

第10章の「確かにそうだが……」は勉強になったでしょうか？ 実際に「確かにそうだが……」という事例に悩んでいるのでしたら、毎週発行のニュースレターに登録し、そこで質問してみてください。著者が毎週、読者の質問に答え、現実世界での難しい会話にアプローチする方法を教えてくれます。

上記のコーナーには、
www.vitalsmarts.com/bookresources からアクセスできます。

2019年1月2日 初版第1刷発行

フェニックスシリーズ ⑳

クルーシャル・カンバセーション
――重要な対話のための説得術

著　者　ケリー・パターソン、ジョセフ・グレニー、
　　　　ロン・マクミラン、アル・スウィッツラー
訳　者　山田美明
発行者　後藤康徳
発行所　パンローリング株式会社
　　　　〒160-0023　東京都新宿区西新宿7-9-18　6階
　　　　TEL 03-5386-7391　FAX 03-5386-7393
　　　　http://www.panrolling.com/
　　　　E-mail　info@panrolling.com
装　丁　パンローリング装丁室
印刷·製本　株式会社シナノ

ISBN978-4-7759-4204-8